ARABIC

PHRASEBOOK & DICTIONARY

No part of this book may be reproduced, stored in a retrieval system or transmitted in any form or means electronic, mechanical, photocopying, recording or otherwise, without prior written permission from APA Publications.

Contacting the Editors
Every effort has been made to provide accurate information in this publication, but changes are inevitable. The publisher cannot be responsible for any resulting loss, inconvenience or injury. We would appreciate it if readers would call our attention to any errors or outdated information. We also welcome your suggestions; if you come across a relevant expression not in our phrase book, please contact us at:
hello@insightguides.com

All Rights Reserved
© 2016 Apa Digital (CH) AG and Apa Publications (UK) Ltd.

First Edition: 2016
Printed in China

Cover & Interior Design: Pawel Pasternak
Production: AM Services
Production Manager: Vicky Glover
Cover Photo: iStockphoto (front)/Shutterstock (back)

Interior Photos: Shutterstock

CONTENTS

INTRODUCTION

Pronunciation	7	Grammar	12
How to use the App	10		

GETTING STARTED

THE BASICS	**22**	NEED TO KNOW	30
NUMBERS	**22**	Border Control	31
NEED TO KNOW	22	**MONEY**	**32**
Ordinal Numbers	24	NEED TO KNOW	32
Time	25	At the Bank	33
NEED TO KNOW	25	**CONVERSATION**	**35**
Days	26	NEED TO KNOW	35
NEED TO KNOW	26	Language Difficulties	36
Dates	27	Making Friends	37
Months	28	Travel Talk	38
Seasons	29	Personal	40
Holidays	29	Work & School	41
ARRIVAL & DEPARTURE	**30**	Weather	42

EXPLORING

GETTING AROUND	**46**	Taxi	58
NEED TO KNOW	46	Bicycle & Motorbike	60
Tickets	47	Car Hire	61
Airport Transfer	49	Car with Driver	62
Checking In	51	Fuel Station	63
Luggage	52	Asking Directions	63
Finding your Way	53	Parking	65
Train	53	Breakdown & Repair	66
Departures	55	Accidents	66
On Board	55	**PLACES TO STAY**	**67**
Bus	56	NEED TO KNOW	67
Metro	57	Somewhere to Stay	68
Boat & Ferry	58	At the Hotel	69

Price	71	Social Media	84
Preferences	71	Phone	85
Questions	72	Telephone Etiquette	87
Problems	74	Fax	88
Checking Out	75	Post	88
Renting	75	**SIGHTSEEING**	**89**
Domestic Items	77	NEED TO KNOW	89
At the Hostel	78	Tourist Information	90
Going Camping	79	On Tour	91
COMMUNICATIONS	**81**	Seeing the Sights	92
NEED TO KNOW	81	Religious Sites	94
Online	82		

ACTIVITIES

SHOPPING	**98**	Newsagent & Tobacconist	114
NEED TO KNOW	98	Photography	115
At the Shops	99	Souvenirs	116
Ask an Assistant	100	**SPORT & LEISURE**	**119**
Personal Preferences	102	NEED TO KNOW	119
Paying & Bargaining	103	Watching Sport	119
Making a Complaint	104	Playing Sport	120
Services	105	At the Beach/Pool	122
Hair & Beauty	106	Winter Sports	124
Antiques	107	Out in the Country	125
Clothing	108	**TRAVELING**	
Colors	109	**WITH CHILDREN**	**128**
Clothes & Accessories	110	NEED TO KNOW	128
Fabric	112	Out & About	128
Shoes	113	Baby Essentials	129
Sizes	114	Babysitting	131

HEALTH & SAFETY

EMERGENCIES	**134**	Crime & Lost Property	136
NEED TO KNOW	134	**HEALTH**	**138**
POLICE	**135**	NEED TO KNOW	138
NEED TO KNOW	135	Finding a Doctor	138

Symptoms	139	**NEED TO KNOW**	145
Conditions	141	What to Take	145
Treatment	142	Basic Supplies	147
Hospital	143	Child Health	
Dentist	143	& Emergency	149
Gynecologist	144	**DISABLED TRAVELERS**	**150**
Optician	144	**NEED TO KNOW**	150
Payment & Insurance	144	Asking for Assistance	150
PHARMACY	**145**		

FOOD & DRINK

EATING OUT	**154**	Meat & Poultry	170
NEED TO KNOW	154	Vegetables & Staples	171
Where to Eat	155	Fruit	173
Reservations		Cheese	175
& Preferences	156	Dessert	176
How to Order	158	Sauces & Condiments	177
Cooking Methods	159	At the Market	177
Dietary Requirements	160	In the Kitchen	180
Dining With Children	162	**DRINKS**	**181**
How to Complain	162	NEED TO KNOW	181
Paying	163	Non-alcoholic Drinks	182
MEALS & COOKING	**164**	Aperitifs, Cocktails	
Breakfast	164	& Liqueurs	184
Appetizers	167	Beer	184
Soup	168	Wine	185
Fish & Seafood	169	**ON THE MENU**	**186**

GOING OUT

GOING OUT	**212**	The Dating Game	216
NEED TO KNOW	212	NEED TO KNOW	216
Entertainment	213	Accepting & Rejecting	218
Nightlife	214	Getting Intimate	219
ROMANCE	**216**	Sexual Preferences	219

DICTIONARY

ENGLISH-ARABIC	**222**	**ARABIC-ENGLISH**	**252**

INTRODUCTION • 7

PRONUNCIATION

This section is designed to make you familiar with the sounds of Arabic using our simplified phonetic transcription. You'll find the pronunciation of the Arabic letters and sounds explained below, together with their approximate equivalents. This system is used throughout the phrase book; simply read the transliteration as if it were English, noting any special rules below. For some loan words, such as "internet", where the pronunciation does not really change in Arabic, we have left them as they would normally be read in English. The Arabic used in this book (unless indicated otherwise) is known as Modern Standard Arabic. It is used in the Arab media and will be understood in all Arabic-speaking countries.

ا in combination with ل forms the definite article "the" in Arabic (ال). See page 15.

You will also see some "doubling" of consonants. This is shown by repeating a letter twice, for example **dd**, and reflects the importance of the fact that doubled letters in Arabic MUST be pronounced twice, as two individual letters.

Arabic is written right to left (except for numbers). Most Arabic letters change their form slightly depending on whether they are at the beginning, in the middle or at the end of a word. The Arabic letters in the chart above are shown in their basic stand-alone position.
Arabic is a gender-specific language; nouns are masculine or feminine (feminine nouns can usually be identified by this ending: ة. Verb forms change based on whether the person spoken to is male or female. For simplicity, only forms used to address a man have been included, except where indicated. For more on the feminine, see Adjectives on page 19.
Please note that spoken Arabic varies from country to country, as does its pronunciation.

CONSONANTS

Letter	Approximate Pronunciation	Symbol	Example	Pronunciation
أ	**a** as in **a**pple	a	أنا	*ana*
ب	**b** as in **b**oat	b	بنت	*bint*
ت	**t** as in **t**in	t	تكييف	*takyeef*
ث	**th** as in **th**in	th	ثلاجة	*thallaaja*
ج	**j** as in **j**am	j	جميل	*jameel*
ح	strong, breathy **h** from the back of throat	H	صحون	*SuHoon*
خ	**h** from back of throat as in Scottish lo**ch**	kh	خدمة	*khidma*
د	**d** as in **d**ad	d	درج	*daraj*
ذ	soft **th** as in **th**is	dh	هذا	*haadha*
ر	the **r** as in **r**iddle (trilled)	r	رجل	*rajul*
ز	**z** as in **z**ebra	z	زيت	*zayt*
س	**s** as in **s**un	s	سلام	*salaam*
ش	**sh** as in **sh**ut	sh	شمس	*shams*
ص	strong, emphatic **s**	S	صباح	*SabaaH*
ض	strong, emphatic **d**	D	اضافي	*iDaafee*
ط	strong, emphatic **t**	T	بطاقة	*biTaaqa*
ظ	strong, emphatic **z**	Z	انتظار	*intiZaar*
ع	almost a glottal stop	'	عندي	*'andee*

e.g. the **a** in a strongly pronounced **apple**, but with constriction at back of throat; shows a sharp start to a word or syllable

غ	a softer form of **kh**, as in lo**ch**, as if gently gargling at back of throat	gh	غرفة	*ghurfa*
ف	**f** like in **f**an	f	فرن	*furn*
ق	**q** pronounced from back of throat	q	قريب	*qareeb*

ك	**k** as in **k**ite	**k**	كيف	*kayf*
ل	**l** as in **l**ip	**l**	لماذا	*limaadha*
م	**m** as in **m**an	**m**	ممسحة	*mimsaHa*
ن	**n** as in **n**oun	**n**	نور	*noor*
ه	**h** as in **h**at	**h**	هنا	*huna*
و	**w** as in **w**in	**w**	وسط	*wasT*
ي	**y** as in **y**et	**y**	يمين	*yameen*
ء	a pause, as in English slang when dropping the **tt** from words like letter or better; reflects a glottal stop in the middle of a word or a sharp start to a word or syllable		تدفئة	*tadfi'a*

Letters b, c, f, h, k, l, m, n, p, q, t, x, y, z are generally pronounced as in English.

SHORT VOWELS

Letter	Approximate Pronunciation	Symbol	Example	Pronunciation
´	**a** as in b**a**t	**a**	لَمبة	*lamba*
´	**u** as in p**u**t	**u**	كُل	*kul*
´	**i** as in b**i**t	**i**	بِنت	*bint*

LONG VOWELS

Letter	Approximate Pronunciation	Symbol	Example	Pronunciation
آ	**a** as in d**a**rk (but a more nasal sound)	**aa**	هناك	*hunaak*
و	**oo** as in b**oo**t	**oo**	فطور	*fuToor*
ى	**ee** as in tr**ee**	**ee**	تكييف	*takyeef*
و	**aw** as in **ow**l	**aw**	يوم	*yawm*
ى	**ay** as in s**ay**	**ay**	إثنين	*ithnayn*

HOW TO USE THE APP

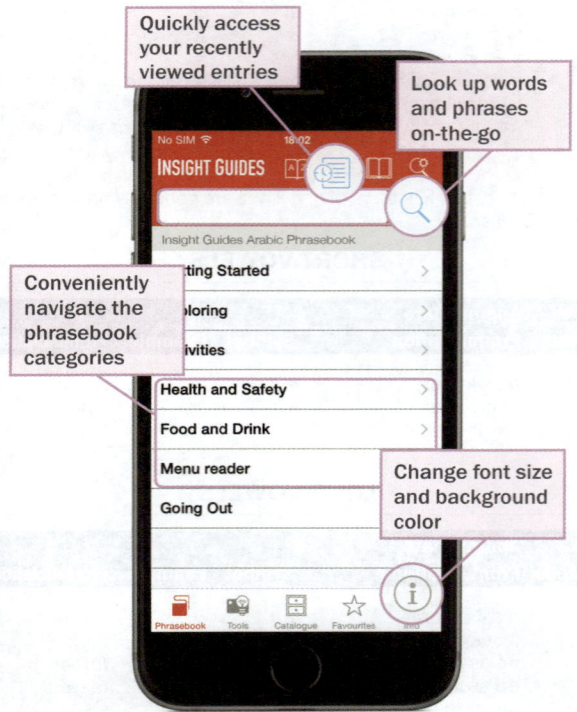

INTRODUCTION • 11

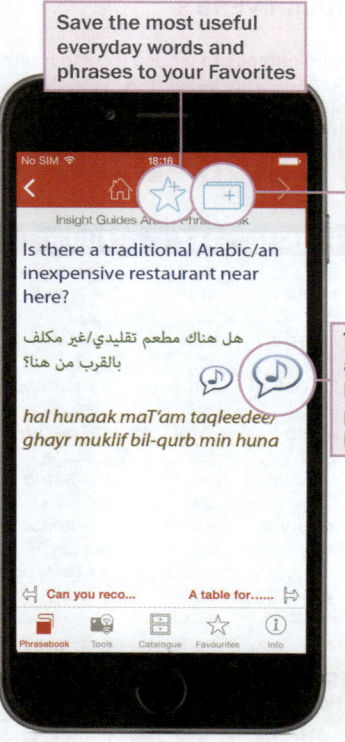

Save the most useful everyday words and phrases to your Favorites

Use the Flash Cards Quiz to learn and memorize new words easily

Take all digital advantages of the app: listen to words and phrases pronounced by native speakers

To learn how to activate the app, see the inside back cover of this phrasebook.

GRAMMAR

REGULAR VERBS

Arabic verbs add prefixes and endings to a base form to make the different persons and tenses. This base form is the third person singular of the past tense (as shown below). However, the forms corresponding to the English infinitive listed in the dictionary at the back of this book are in the present tense. See the table below for an example of a regular verb:

TO WRITE	PRESENT	PAST	FUTURE
I (أنا) (ana)*	كتبتُ katabtu	أكتب aktub	ساكتب sa-aktub
you (m sing.) (أنتَ) (anta)	كتبتَ katabta	تكتب taktub	ستكتب sa-taktub
you (f sing.) (أنتِ) (anti)	كتبتِ katabtee	تكتبين taktubeen	ستكتبين sa-taktubeen
he (هو) (huwa)	كتب katab	يكتب yaktub	سيكتب sa-yaktub
she (هي) (hiya)	كتبت katabat	تكتب taktub	ستكتب sa-taktub
we (نحن) (naHna)	كتبنا katabna	نكتب naktub	سنكتب sa-naktub
you (pl.) (أنتم) (antum)	كتبتم katabtum	تكتبون taktuboon	ستكتبون sa-taktuboon
they (هم) (hum)	كتبوا kataboo	يكتبون yaktuboon	سيكتبون sa-yaktuboon

IRREGULAR VERBS

Irregular verbs in Arabic must be memorized. Two common irregular verbs, **To Be** and **To Sell**, are conjugated in the tables below.

To Be is an unusual verb, in that it has no present tense. For example:

He is a doctor هو طبيب *huwa Tabeeb* (he doctor)
She is sick هي مريضة *hiya mareeDa* (she sick).

TO BE	PAST	FUTURE
I (أنا) (ana)	كنتُ kuntu	سأكون sa-akoon
you (m sing.) (أنتَ) (anta)	كنتَ kunta	ستكون sa-takoon
you (f sing.) (أنتِ) (anti)	كنتِ kuntee	ستكونين sa-takooneen
he (هو)(huwa)	كان kaan	سيكون sa-yakoon
she (هي)(hiya)	كانت kaanat	ستكون sa-takoon
we (نحن) (naHna)	كنا kunna	سنكون sa-nakoon
you (pl.)(أنتم)(antum)	كنتم kuntum	ستكونون sa-takoonoon
they (هم) (hum)	كانوا kaanoo	سيكونون sa-yakoonoon

TO SELL	PRESENT	PAST	FUTURE
I ana (أنا)	أبيع abee'a	بعتُ bi'tu	سأبيع sa-abee'a
you (m sing.) (أنتَ) anta	تبيع tabee'a	بعتَ bi'ta	ستبيع sa-tabee'a
you (f sing.) (أنتِ) anti	تبيعين tabee'een	بعتِ bi'tee	ستبيعين sa-tabee'een
he (هو) huwa	يبيع yabee'a	باع baa'a	سيبيع sa-yabee'a
she (هي) hiya	تبيع tabee'a	باعت baa'at	ستبيع sa-tabee'a
we (نحن) naHna	نبيع nabee'a	بعنا bi'na	سنبيع sa-nabee'a
you (pl.) (أنتم) antum	تبيعون tabee'oon	بعتم bi'tum	ستبيعون sa-tabee'oon
they (هم) hum	يبيعون yabee'oon	باعوا baa'oo	سيبيعون sa-yabee'oon

NOUNS

Nouns in Arabic are either masculine or feminine. Masculine nouns can end in any letter except **a**.
e.g. موظف *muwazzaf* (clerk, official),
مسافر *musaafir* (passenger),
رجل *rajul* (man),
بيت *bayt* (house).
Feminine nouns usually end in **a**.
محطة *maHata* (station),
سيارة *sayaara* (car),
رخصة *rukhsa* (license).
However, there are a few exceptions that do not end in **a**:
e.g. أم *umm* (mother),
أخت *ukht* (sister),
بنت *bint* (daughter, girl).
The regular plural for masculine nouns (in spoken Arabic) is formed by adding **een**:
موظفين *muwazzafeen* (officials),
مسافرين *musaafireen* (passengers).
The regular plural for feminine nouns is formed by adding **aat**:
محطات *maHataat* (stations),
سيارات *sayaraat* (cars).

Many nouns, mainly masculine, have irregular plurals. For example:
رجال *rijaal* (men)
بيوت *buyoot* (houses)
بنات *banaat* (girls)
أمهات *ummahaat* (mothers)

DUAL PLURALS

As well as singular and plural, Arabic also has a dual ending that is used when referring to two things as the objects of a verb. For masculine nouns (in spoken Arabic), add the ending **ayn**:
كتاب *kitaab* a book   كتابين *kitaabayn* two books.

For feminine nouns you add **tayn**:
تذكرة *tazkara* a ticket   تذكرتين *taz-karatayn* two tickets.

ARTICLES

There is no equivalent to the indefinite articles **a** or **an** in Arabic. The definite article **the** in Arabic is ال **al-**; simply put al- before the noun: الرجل *al-rajul* (the man), البنت *al-bint* (the girl); الرجال *al-rijaal* (the men), البنات *al-banaat* (the girls).

If the following word starts with **s, sh, n, d, r, t** or **z**, then the **l** of the **al** may be assimilated to the following consonant and should be prounced as a double consonant, for example: *al-shams* (the sun) becomes *ash-shams*.

WORD ORDER

Word order in spoken Arabic is usually (like English): subject – verb – object. e.g.:
I'd like to rent a rowboat.
أريد أن أستأجر قارب للتجذيف *oreed an asta'ajir qaarib lil-tajdheef*
I'd like *(oreed)* **to rent** *(an asta'ajir)* **a rowboat** *(qaarib lil-tajdheef)*.
Are there any discounts? هل هناك أي تخفيضات؟ *hal hunaak ay takhfeeDaat*
Are *(hal)* (question word) **there** *(hunaak)* **any** *(ay)* **discounts** *(takhfeeDaat)*?

NEGATION

To negate a verb, put لا *laa* (not) in front of the present tense of the verb:
آخذها *aakhudh-haa* I take it. لا آخذها *laa aakhudh-haa* I don't take it.

IMPERATIVES

To form the imperative, take the second person present tense form (singular or plural) such as تكتب *taktub* or تكتبون *taktuboon* (you write), replace the **t** with **u** and then remove the final **n** in the plural): اكتب!/اكتبوا! *uktub/uktuboo* Write!
To give a negative command, just take the second person present tense form as it is, and add the prefix لا *laa*:
لا تكتب! *laa taktub* Don't write!

COMPARATIVE AND SUPERLATIVE

The comparative is formed by taking the adjective, adding an **a** at the beginning and replacing the other vowel with an **a**. The superlative is formed adding الـ *al-* to the comparative form:

| كبير
kabeer (big) | أكبر
akbar (bigger) | الأكبر
al-akbar (the biggest) |
| صغير
sagheer (small) | أصغر
asghar (smaller) | الأصغر
al-asghar (the smallest) |

PERSONAL PRONOUNS

| أنا | *ana* | **I** |
| أنتَ | *anta* | **you** (*m sing.*) |

أنتِ	anti	**you** (f sing.)
هو	huwa	**he**
هي	hiya	**she**
نحن	naHna	**ew**
أنتم	antum	**you** (pl.)
هم	hum	**they**

Unlike most other languages, the verb form changes depending whether you are addressing a man or a woman. For example:

أنتَ تكتب *anta taktub*	You *m* are writing.
أنتِ تكتبين *anti taktubeen*	You *f* are writing.

Note that Arabic pronouns are often omitted in speech, unless special emphasis is required.

POSSESSIVE PRONOUNS

Possessive pronouns in Arabic are shown in the form of suffixes to the noun:

ـ(تـ)ي	-(t)ee	**my**
ـ(تـ)ك	-(t)ak	**your** (m sing.)
ـ(تـ)ك	-(t)ek	**your** (f sing.)
ـه	-uh	**his**
ـها	-ha	**her**
ـنا	-na	**our**
ـكم	-kum	**your** (pl.)
ـهم	-hum	**their**

These suffixes are never stressed.

كتاب	*kitaab* (a book)	كتابي	*kitaabee* (my book)
غرفة	*ghurfa* (a room)	غرفتي	*ghurfatee* (my room)
فندق	*funduq* (a hotel)	فندقنا	*funduqna* (our hotel)

ADJECTIVES

Adjectives agree with the gender of the nouns they describe. To form the feminine, simply add **a** to the end of the masculine form.
For example:

جديد	*jadeed* (new) *m*	جديدة *jadeeda f* (new)
بيت	*bayt m* (a house)	
بيت جديد	*bayt jadeed* (a new house)	

سيارة	*sayaara f* (a car)
سيارة جديدة	*sayaara jadeeda* (a new car)

For inanimate plurals, the feminine singular adjective is used:

بيوت
buyoot (houses)

بيوت جديدة
buyoot jadeeda (new houses)

سيارات
sayaaraat (cars)

سيارات جديدة
sayaaraat jadeeda (new cars)

Numbers 3–10 are followed by the plural, but with numbers above 10 the singular form of the noun is used.

1 book	كتاب	*kitaab*
2 books	كتابين	*kitaabayn*
3 books	ثلاثة كتب	*talaata kutub*
11 books	أحد عشر كتابا	*aHad 'aashar kitaab*

You say waaHid for one if you want to emphasize one as opposed to another number: كتاب واحد *kitaab waaHid* (just) one book.

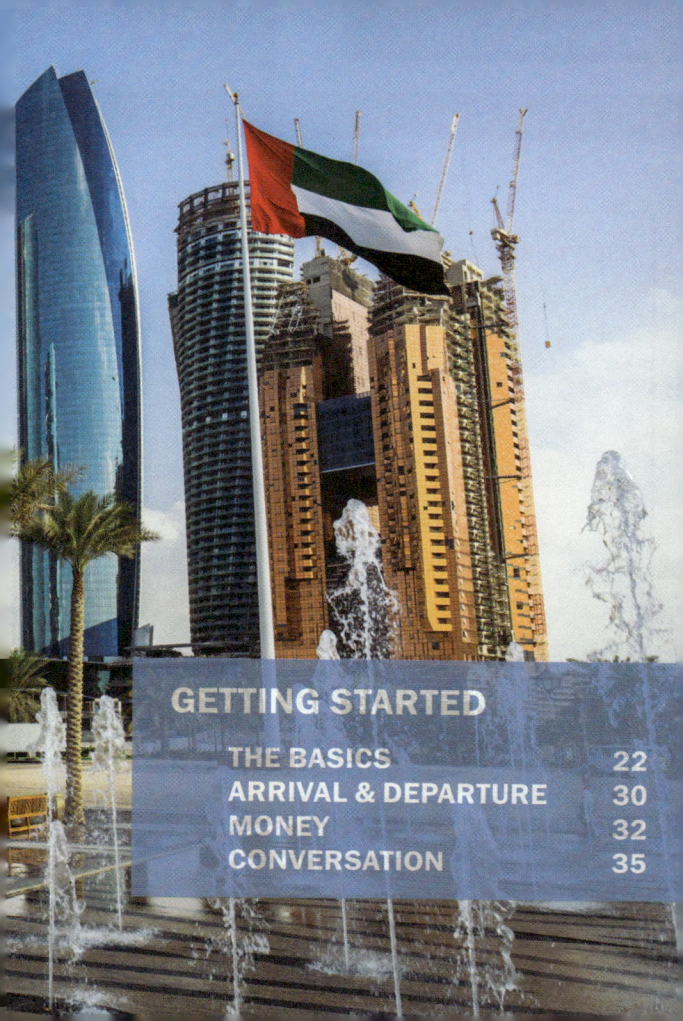

GETTING STARTED

THE BASICS	22
ARRIVAL & DEPARTURE	30
MONEY	32
CONVERSATION	35

THE BASICS

NUMBERS

NEED TO KNOW

0	٠	صفر *sifr*
1	١	واحد *waaHid*
2	٢	اثنان *etnaan*
3	٣	ثلاثة *talaata*
4	٤	أربعة *'arba'a*
5	٥	خمسة *khamsa*
6	٦	ستة *sitta*
7	٧	سبعة *sab'aa*
8	٨	ثمانية *tamaaniya*
9	٩	تسعة *tis'aa*
10	١٠	عشرة *'aashara*
11	١١	أحد عشر *aHad 'aashar*
12	١٢	اثنا عشر *etnaa 'aashar*

13	١٣	ثلاثة عشر *talaatat 'aashar*
14	١٤	أربعة عشر *'arba'at 'aashar*
15	١٥	خمسة عشر *khamsat 'aashar*
16	١٦	ستة عشر *sittat 'aashar*
17	١٧	سبعة عشر *sab'aat 'aashar*
18	١٨	ثمانية عشر *tamaaniyat 'aashar*
19	١٩	تسعة عشر *tis'aat 'aashar*
20	٢٠	عشرون *'ashroon*
21	٢١	واحد و عشرون *waaHid wa-'ashroon*
22	٢٢	اثنان و عشرون *etnaan wa-'ashroon*
30	٣٠	ثلاثون *talaatoon*
31	٣١	واحد و ثلاثون *waaHid wa-talaatoon*
40	٤٠	أربعون *'arba'oon*
50	٥٠	خمسون *khamsoon*
60	٦٠	ستون *sittoon*
70	٧٠	سبعون *sab'oon*

80	٨٠	ثمانون *tamaanoon*
90	٩٠	تسعون *tis'oon*
100	١٠٠	مائة *mi'a*
101	١٠١	مائة و واحد *mi'a wa-waaHid*
200	٢٠٠	مائتان *mi'ataan*
500	٥٠٠	خمسمائة *khamsmi'a*
1,000	١٠٠٠	ألف *alf*
10,000	١٠٠٠٠	عشرة آلاف *'aasharat alaaf*
1,000,000	١٠٠٠٠٠٠	مليون *milyoon*

ORDINAL NUMBERS

first	أول *awwal*
second	ثاني *taanee*
third	ثالث *taalit*
fourth	رابع *raabi'a*
fifth	خامس *khaamis*
once	مرّة *marra*

twice	مرّتان *marrataan*
three times	ثلاث مرّات *talaat marraat*

TIME

NEED TO KNOW

What time is it?	كم الساعة؟ *kam al-saa'a*
It's noon [midday].	الوقت منتصف النهار. *al-waqt muntaSef an-nahaar*
At midnight.	في منتصف الليل. *fee muntasef al-layl*
From one o'clock to two o'clock.	من الساعة الواحدة حتى الساعة الثانية. *min al-saa'a al-waaHida Hatta al-saa'a al-taaniya*
Five after [past] three.	الساعة الثالثة وخمس دقائق. *al-saa'a al-taalita wa-khams daqaa'iq*
A quarter to four.	الساعة الرابعة إلا ربع. *al-saa'a al-raabi'a ella rub'*
5:30 a.m./p.m.	الساعة الخامسة والنصف صباحاً/مساءً *al-saa'a al-khaamisa wa-nusf sabaaHan/masaa'an*

DAYS

NEED TO KNOW

Sunday	الأحد	*al-aHd*
Monday	الاثنين	*al-etnayn*
Tuesday	الثلاثاء	*al-tulataa'*
Wednesday	الأربعاء	*al-'arba'aa*
Thursday	الخميس	*al-khamees*
Friday	الجمعة	*al-jom'a*
Saturday	السبت	*al-sabt*

The 24-hour clock is used only for the timing of TV programs. For all other purposes, you need to specify whether it is morning (4–11 a.m.) صباحا *(sabaaHan),* noon (12– 1) ظهرا *(zuhran),* afternoon (2–4 p.m.) بعد الظهر *(ba'ad al-zuhur),* evening (5–9 p.m.), مساء *(masaa'an)* or night (10 p.m.–3 a.m.) ليلا *(laylan).*

DATES

yesterday	البارحة *imbaariH*
today	اليوم *al-yohm*
tomorrow	غداً *ghadan*
day	يوم *yohm*
week	أسبوع *usboo'*
month	شهر *shahr*
year	سنة *sana*
Happy New Year!	عام جديد سعيد! *aam jadeed sa'eed*
Happy Birthday!	عيد ميلاد سعيد! *eed meelaad sa'eed*

MONTHS

	Most Arab countries	Syria/ The Levant
January	يناير *yanaayir*	كانون الثاني *kaanoon al-taanee*
February	فبراير *fibraayir*	شباط *shubaat*
March	مارس *mars*	آذار *azaar*
April	ابريل *ebreel*	نيسان *nisaan*
May	مايو *maayo*	أيار *ayaar*
June	يونيو *yooniyoo*	حزيران *Haziraan*
July	يوليو *yooliyoo*	تموز *tammooz*
August	أغسطس *aghustus*	آب *ab*
September	سبتمبر *septembir*	أيلول *aylool*
October	أكتوبر *octobir*	تشرين الأول *tishreen al-ohwal*

November	نوفمبر	تشرين الثاني
	novembir	*tishreen al-taanee*
December	ديسمبر	كانون الأول
	decembir	*kaanoon al-ohwal*

SEASONS

spring	الربيع
	al-rabee'
summer	الصيف
	al-sayf
fall [autumn]	الخريف
	al-khareef
winter	الشتاء
	al-shitaa'

HOLIDAYS

January 1: New Year's Day *(except the Gulf)*
Easter: *(celebrated everywhere except the Gulf)*
May 1: Labor Day
December 25: Christmas Day

عيد الفطر *'ayd al-fitr:* Feast of breaking the fast celebrates the end of Ramadan (the Muslim holy month).

عيد الأضحى *'ayd al-azHa:* Feast of the Sacrifice comes 70 days after Ramadan and lasts four days.

رأس السنة الهجرية *ras al-sana al-hijreeya:* Islamic New Year

عيد المولد النبوي *'ayd al-mohlid al-nabawee:* The Prophet Muhammad's Birthday

ARRIVAL & DEPARTURE

NEED TO KNOW

I'm here on vacation [holiday]/business.
أنا في إجازة/في رحلة عمل.
ana fee ejaaza/fee riHlat 'aamal

I'm going to…
أنا ذاهب/ذاهبة إلى...
ana dhaahib m/dhaahiba f ila…

I'm staying at the…Hotel.
أنا نازل/نازلة في فندق...
ana naazil m/ naazila f fee funduq…

YOU MAY HEAR…

جواز سفرك من فضلك.
jawaaz safrak min faDlak
Your passport, please.

ما الغرض من زيارتك؟
ma al-ghard min ziyaaratak
What's the purpose of your visit?

أين ستنزل؟
ayn sa-tanzil
Where are you staying?

كم ستستغرق زيارتك؟
kam sa'tastaghriq ziyaaratak
How long are you staying?

من يرافقك؟
Who are you with?

GETTING STARTED • 31

BORDER CONTROL

I'm just passing through.	أنا هنا في مرور. *ana huna fee muroor*
I'd like to declare.	أريد الإعلان عن... *ureed al-i'laan 'an...*
I have nothing to declare.	ليس عندي أي شيء للإعلان عنه. *laysa 'aandee ay shay lil-i'laan 'anhu*

YOU MAY HEAR...

هل عندك أي شيء للإعلان عنه؟ *hal 'andak ay shay lil-i'laan 'anhu*	Anything to declare?
يجب دفع رسوم على هذا. *yajib dafa' rusoom 'ala haadha*	You must pay duty.
افتح هذه الحقيبة. *iftaH hadhihi il-Haqeeba*	Open this bag.

YOU MAY SEE...

الجمرك	customs
بضائع معفية من الضرائب	duty-free goods
بضائع للإعلان عنها	goods to declare
لا شيء للإعلان عنه	nothing to declare
مراقبة جوازات السفر	passport control
الشرطة	police

MONEY

NEED TO KNOW

Where's…?	أين...؟ ayna…
the ATM	الصراف الآلي aS-Saraaf al-aalee
the bank	البنك al-bank
the currency exchange office	مكتب تبديل العملات maktab tabdeel al-'umlaat
What time does the bank open/close?	متى يفتح/يغلق البنك؟ mata yaftaH/yaghliq al-bank
I'd like to change some dollars/pounds into…	أريد تبديل دولارات/جنيهات إسترلينية إلى... ureed tabdeel doolaaraat/jinayhaat istarleeneeyat ila…
I want to cash some traveler's checks [cheques].	أريد أن أصرف شيكات سياحية. ureed an aSrif sheekaat seeyaHeeya

AT THE BANK

I'd like to change money/get a cash advance.	أريد تبديل عملة/الحصول على دفعة مسبقة. ureed tabdeel 'umla/al-HuSool 'ala daf'a musabbaqa
What's the exchange rate/fee?	ما هو سعر/رسم الصرف؟ ma huwa si'r/rasm aS-Sarf
I think there's a mistake.	أعتقد أن هناك خطأ. a'ataqid an hunaak khaTa'
I lost my traveler's cheques.	فقدت شيكاتي السياحية faqadtu sheekaatee as-seeyaaHeeya
My card…	بطاقتي... biTaaqatee…
was lost	ضاعت Daa'at
was stolen	سرقت suriqat
doesn't work	لا تعمل la ta'mal
The ATM ate my card.	الصراف الآلي سحب بطاقتي. aS-Saraaf al-aalee saHab biTaaqatee i

For Numbers, see page 22.

At some banks, cash can be obtained from ATMs with Visa™, Eurocard™, American Express® and many other international cards. Instructions are often given in English. Banks with a Change sign will exchange foreign currency. You can also change money at travel agencies and hotels, but the rate will not be as good. Remember to bring your passport when you want to change money.

YOU MAY SEE...

أدخل بطاقتك هنا	insert card here
إلغاء	cancel
تراجع	clear
أدخل	enter
الرقم السري	PIN
سحب	withdraw
من الحساب الجاري	from checking [current] account
من حساب المدخرات	from savings account
إيصال	receipt

YOU MAY SEE...

Different countries have different currencies. Note that although some countries may have the same name for their currencies, they cannot be used in both places. For example, the Saudi riyal will not be accepted in Qatar. U.S. dollars are always a handy currency to carry and can be easily exchanged.

Dinar *deenaar*	Algeria, Bahrain, Iraq, Jordan, Libya, Kuwait, Tunisia
Pound *ginay*	Egypt, Sudan
Pound *leera*	Lebanon, Syria
Dirham *dirham*	Morocco, United Arab Emirates
Riyal *reeyaal*	Oman, Qatar, Saudi Arabia, Yemen
Shekel *shekel*	Israel/Palestine

CONVERSATION

NEED TO KNOW

Hello!	!السلام عليكم *as-salaam 'alaykum*
Hi!	!مرحبا *marHaban*
How are you?	كيف الحال؟ *kayf al-Haal*
Fine, thanks.	بخير، الحمد لله. *bi-khayr al-Hamdulillah*
Excuse me!	!لو سمحت *law samaHt*
Do you speak English?	تتكلم إنكليزي؟ *tatakallam ingleezee*
What's your name?	ما اسمك؟ *ma ismak*
My name is…	…اسمي *ismee…*
Nice to meet you.	.تشرفنا *tasharafnaa*
Where are you from?	من أين أنت؟ *min ayn anta*
I'm from the U.S./U.K.	أنا من أمريكا/بريطانيا. *ana min amreekaa/breeTaaneeyaa*
What do you do?	ماذا تعمل؟ *maadha ta'mal*
I work for…	…أنا أعمل في *ana a'mal fee…*

GETTING STARTED

I'm a student.	أنا طالب/طالبة.
	ana Taalib m/*Taaliba* f
I'm retired.	أنا متقاعد/متقاعدة.
	ana mutaqaa'id m/*mutaqaa'ida* f
Do you like…?	هل تحب...؟
	hal tuHibb
Goodbye.	مع السلامة.
	ma' as-salaama
See you later.	إلى اللقاء.
	ila al-liqaa'

There are many different greetings in Arabic depending on the situation. As a tourist it is better to stick to one of the general greetings, such as السلام عليكم *as-salaam 'alaykum* "hello" or مرحبا *marHaban* "hi". The standard response to *as-salaam 'alaykum* is *'alaykum as-salaam* وعليكم السلام It's also customary to shake hands when meeting someone.

LANGUAGE DIFFICULTIES

Do you speak English?	تتكلم إنكليزي؟
	tatakallam ingleezee
Does anyone here speak English?	هل يتكلم أحد هنا إنكليزي؟
	hal yatakallam aHad huna ingleezee
I don't speak (much) Arabic.	أنا لا أتكلم العربية (جيداً).
	ana laa atakallam al-'aarabeeya (jayidan)
Can you speak more slowly?	ممكن تتكلم ببطء؟
	mumkin tatakallam bi-but'
Can you repeat that?	ممكن تعيد؟
	mumkin tu'eed

Excuse me?	لو سمحت! *law samaHt*
Can you spell it?	كيف تُكتب؟ *kayf tuktab*
Please write it down.	اكتبها من فضلك. *uktubha min fadlak*
Can you translate this into English for me?	ممكن تترجم لي هذا إلى الانكليزي؟ *mumkin tutarjim lee haza ila-ingleezee*
What does this/that mean?	ماذا يعني هذا/ذاك؟ *maaza ya'anee haza/zaalik*
I understand.	فهمت. *fahimtu*
I don't understand.	لا أفهم. *laa afham*
Do you understand?	هل تفهم؟ *hal tafham*

YOU MAY HEAR...

أنا لا أتكلم إنكليزي جيداً.
ana la atakallam ingleezee jayyidan
I only speak a little English.

أنا لا أتكلم إنكليزي.
ana la atakallam ingleezee
I don't speak English.

MAKING FRIENDS

Hello!	السلام عليكم! *as-salaam 'alaykum*
Hi!	مرحبا *marHaban*
Good morning.	صباح الخير. *SabaaH al-khayr*

GETTING STARTED

Good afternoon.	مساء الخير. *masaa' al-khayr*
Good evening.	مساء الخير. *masaa' al-khayr*
My name is…	اسمي… *ismee…*
What's your name?	ما اسمك؟ *maa ismak*
I'd like to introduce you to…	أحب أن أعرفك على… *uHibb an u'arifak 'ala…*
Pleased to meet you.	تشرفنا. *tasharafnaa*
How are you?	كيف الحال؟ *kayf al-Haal*
Fine, thanks. And you?	بخير، الحمد لله. وأنت؟ *bi-khayr al-Hamdulillah wa anta*

> Arabic speakers usually have three names: their own first name, their father's first name and their family or last name. For example, the son of Mohammed Yousef Shaheen would be Ashraf Mohammed Shaheen. To be less formal, drop the middle name: Mohammed Shaheen/Ashraf Shaheen. Note that this also applies to women, who retain their family name after marriage rather than adopting their husband's. So, the daughter of Mohammed Yousef Shaheen would be Mona Mohammed Shaheen.

TRAVEL TALK

I'm here…	أنا هنا… *ana huna…*
on business	في رحلة عمل *fee riHlat 'amal*

on vacation [holiday]	في إجازة	*fee ijaaza*
studying	للدراسة	*lid-diraasa*
I'm staying for...	أنا هنا لمدة...	*ana huna li-muddat...*
I've been here...	أنا هنا منذ...	*ana huna mundhu...*
a day	يوم	*yawm*
a week	أسبوع	*usboo'*
a month	شهر	*shahr*
Where are you from?	من أين أنت؟	*min ayn anta*
I'm from...	أنا من...	*ana min...*
Have you ever been to...?	هل سبق وزرت...؟	*hal sabaqa wa zurta...*
Australia	أستراليا	*ustraaleeyaa*

40 • GETTING STARTED

Canada	كندا *kanadaa*
Ireland	أيرلندا *eerlandaa*
the U.K.	بريطانيا *breeTaaneeyaa*
the U.S.	أمريكا *amreekaa*

For Numbers, see page 22.

PERSONAL

Who are you with?	مع من أنت؟ *ma' man anta*
I'm here alone.	أنا هنا وحدي. *ana huna waHdee*
I'm with my…	أنا مع… *ana ma'…*
husband/wife	زوجي/زوجتي *zawjee/zawjatee*
boyfriend/girlfriend	صاحبي/صاحبتي *SaaHibee/SaaHibatee*
friend/friends	صديق/أصدقاء *Sadeeq/aSdiqaa'*
colleague/colleagues	زميل/زملاء *zameel/zumalaa'*
When's your birthday?	متى عيد ميلادك؟ *mata 'eed meelaadak*
How old are you?	كم عمرك؟ *kam 'umruk*
I'm…	عمري… *'umree…*
Are you married?	هل أنت متزوج؟/هل أنت متزوجة؟ *hal anta mutazawwij* m/*hal anti mutazawwija* f

I'm...	...أنا
	ana...
single	أعزب/عزباء
	a'azib m / a'aziba f
in a relationship	مرتبط/مرتبطة
	murtabiT m / murtabiTa f
engaged	خاطب/مخطوبة
	khaaTib m / makhTooba f
married	متزوج/متزوجة
	mutazawwij m / mutazawwija f
divorced	مطلق/مطلقة
	muTalaq m / muTalaqa f
separated	منفصل/منفصلة
	munfaSil m / munfaSila f
widowed	أرمل/أرملة
	armal m / armala f
Do you have children/grandchildren?	عندك أطفال/أحفاد؟
	'andak aTfaal/aHfaad

> Forms of address vary from one country to another. In general, men can be addressed as **ustaaz**, women as **madaam**, and younger unmarried women as **aanisa**.

WORK & SCHOOL

What do you do for a living?	ما هي مهنتك؟
	ma hiya mihnatak
What are you studying?	ماذا تدرس؟
	maadha tadrus
I'm studying...	أنا أدرس...
	ana adrus...

I…	أنا…	
	ana…	
work full-/ part-time	أعمل بدوام كامل/دوام جزئي	
	a'mal bi-dawaam kaamil/dawaam juz'ee	
am unemployed	غير موظف/غير موظفة	
	ghayr muwaZZaf m/*ghayr muwaZZafa* f	
work at home	أعمل في البيت	
	a'mal fee il-bayt	
Who do you work for?	لحساب من تعمل؟	
	li-Hisaabi man ta'mal	
I work for…	أعمل لحساب…	
	a'mal li-Hisaabi…	
Here's my business card.	هذه هي بطاقة العمل الخاصة بي.	
	haadha hiya biTaaqat al-'amal al-khaaSa bee	

WEATHER

What's the forecast?	ما هي توقعات الطقس؟	
	ma hiya tawqu'aat aT-Taqs	
What beautiful/ terrible weather!	الطقس رائع/سيئ جداً!	
	aT-Taqs raa'i'/sayee' jiddan	
It's…	الطقس…	
	aT-Taqs…	

cool/warm	بارد قليلاً/دافئ	
	baarid qaleelan/daafi'	
cold/hot	بارد/حار	
	baarid/Haar	
rainy/sunny	ممطر/مشمس	
	mumTir/mushmis	
snowy/icy	ثلجي/جليدي	
	thaljee/jleedee	
Do I need a jacket/ an umbrella?	هل أحتاج جاكيت/مظلة؟	
	hal aHtaaj jakeet/miZalla	

For Seasons, see page 29.

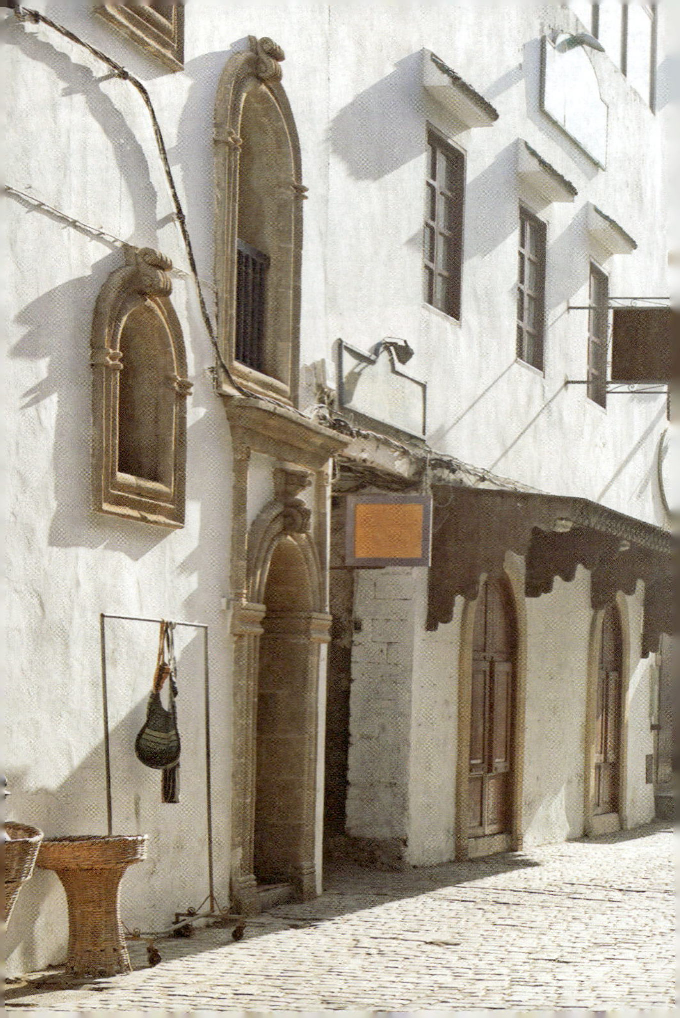

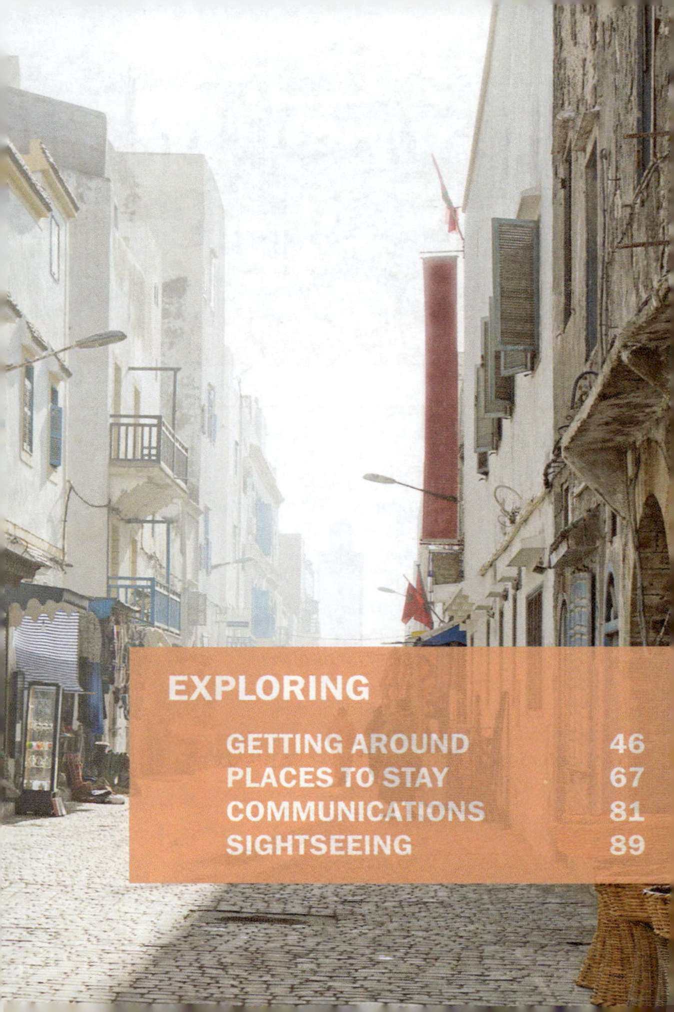

EXPLORING

GETTING AROUND	46
PLACES TO STAY	67
COMMUNICATIONS	81
SIGHTSEEING	89

GETTING AROUND

NEED TO KNOW

How do I get to town?	كيف أصل إلى المدينة؟	
	kayf aSil ila al-madeena	
Where's…?	أين…؟	
	ayna…	
the airport	المطار	
	al-maTaar	
the train station	محطة القطار	
	maHaTTat al-qiTaar	
the bus station	محطة الباص	
	maHaTTat al-baaS	
the subway station [underground]	محطة مترو الأنفاق	
	maHaTTat metro al-anfaaq	
How far is it?	كم هي بعيدة؟	
	kam hiya ba'eeda	
Where do I buy a ticket?	أين أشتري تذكرة؟	
	ayn ashtaree tadhkara	
A one-way/return-trip ticket to…	تذكرة ذهاب/ذهاب وعودة إلى…	
	tadhkara dhahaab/dhahaab wa-'awdat ila…	

EXPLORING • 47

How much?	بكم؟	
	bi-kam	
Which...?	أي...؟	
	ay...	
gate	بوابة	
	bawaaba	
line	خط	
	khaT	
platform	رصيف	
	raSeef	
Where can I get a taxi?	أين آخذ تاكسي؟	
	ayn akhudh taaksee	
Take me to this address.	أوصلني إلى هذا العنوان.	
	awSilnee ila haadha al-'unwaan	
Can I have a map?	ممكن خريطة؟	
	mumkin khareeTa	

TICKETS

When's...to...?	متى... إلى...؟	
	mata...ila...	
(first) bus	باص (أول)	
	(awal) baaS	
(next) flight	الرحلة الجوية (التالية)	
	ar-riHlat al-jaweeya (at-taaleeya)	
(last) train	القطار (الأخير)	
	al-qiTaar (al-akheer)	
Where do I buy a ticket?	أين أشتري تذكرة؟	
	ayn ashtaree tadhkara	
One/two ticket(s), please.	تذكرة/تذكرتين، من فضلك.	
	tadhkara/tadhkaratayn min faDlak	
For...	لـ...	
	li...	

today	اليوم	
	al-yawm	
tonight	الليلة	
	al-layla	
tomorrow	الغد	
	al-ghad	
A...ticket.	تذكرة...	
	tadhkara...	
one-way	ذهاب	
	dhahaab	
round-trip [return]	ذهاب وعودة	
	dhahaab wa-'awda	
first class	درجة أولى	
	darajat oolaa	
business class	درجة الأعمال	
	darajat al-a'maal	
economy class	درجة سياحية	
	daraja seeyaHeeya	
How much?	بكم؟	
	bi-kam	
Is there a discount for...?	هل هناك تخفيض من أجل...؟	
	hal hunaak takhfeeD min ajl...	
children	الأطفال	
	al-aTfaal	
students	الطلاب	
	aT-Tulaab	
senior citizens	كبار السن	
	kibaar as-sinn	
tourists	السياح	
	as-seeyaaH	
The express bus/express train, please.	الباص السريع/القطار السريع، من فضلك.	
	al-baaS as-saree'/al-qiTaar as-saree' min faDlak	
The local bus/train, please.	الباص/القطار المحلي، من فضلك.	
	al-baaS/al-qiTaar al-mahalee min faDlak	

I have an e-ticket.	عندي تذكرة الكترونية.	
	'andee tadhkarat iliktrooneeya	
Can I buy…	هل يمكنني أن أشتري…	
	hal yumkinanee an ashtaree…	
a ticket on the bus/train?	تذكرة على الباص/القطار؟	
	tadhkara 'ala al-baaS/al-qiTaar	
the ticket before boarding?	التذكرة قبل الصعود؟	
	at-tadhkara qabl aS-Su'ood	
Do I have to stamp the ticket before boarding?	هل علي أن أختم التذكرة قبل الركوب؟	
	hal 'alay an akhtum at-tadhkara qabla ar-rukoob	
How long is this ticket valid?	ما مدّة صلاحية هذه التذكرة؟	
	ma muddat salaaHeeya hadhihi it-tadhkara	
Can I return on the same ticket?	ممكن أن أعود على نفس التذكرة؟	
	mumkin an a'ood 'ala nafs at-tadhkara	
I'd like to…my reservation.	أريد أن…حجزي.	
	ureed an…Hajzee	
cancel	ألغي	
	alghee	
change	أغيّر	
	ughayir	
confirm	أؤكد	
	u'akid	

AIRPORT TRANSFER

YOU MAY HEAR…

ما هي الخطوط التي تسافر عليها؟
ma hiya al-khuTooT alatee tusaafir 'alayhaa
محلية أو دولية؟
maHaleeyat aw doowaleeya
أي صالة؟
ay Saala

What airline are you flying?
Domestic or International?
What terminal?

EXPLORING

How much is a taxi to the airport?	بكم التاكسي إلى المطار؟ *bi-kam at-taaksee ila al-maTaar*
To…Airport, please.	إلى مطار…، من فضلك *ila maTaar… min faDlak*
My airline is…	رحلتي على خطوط… *riHlatee 'ala khuTooT…*
My flight leaves at…	رحلتي تقلع الساعة… *riHlatee tuqla' as-saa'a…*
I'm in a rush.	أنا مستعجل/أنا مستعجلة *ana musta'jil* m/*ana musta'jila*/f
Can you take an alternate route?	ممكن تأخذ طريق آخر؟ *mumkin ta'khudh Tareeq aakhir*
Can you drive faster/slower?	ممكن تقود السيارة بسرعة أكبر/بتمهل أكثر؟ *mumkin taqood as-sayaara bi-sur'a akbar/ bi-tamahul akthar*

For Time, see page 25.

YOU MAY SEE…

الوصول	arrivals
المغادرة	departures
استلام الحقائب	baggage claim
الأمن	security
الرحلات الداخلية	domestic flights
الرحلات الدولية	international flights
إجراءات السفر	check-in desk
إجراءات السفر للتذاكر الالكترونية	e-ticket check-in
بوابات السفر	departure gates

CHECKING IN

Where's check-in?	أين كاونتر إجراءات السفر؟	
	ayn kawnter ijra'aat as-safar	
My name is…	اسمي…	
	ismee…	
I'm going to…	أنا ذاهب إلى…	
	ana dhaahib ila…	
I have…	معي…	
	ma'ee…	
one suitcase	حقيبة واحدة	
	Haqeeba waaHida	
two suitcases	حقيبتان	
	Haqeebataan	
one carry-on [piece of hand luggage]	حقيبة يد واحدة	
	Haqeeba yad waaHida	
How much luggage is allowed?	كم من الأمتعة مسموح به؟	
	kam min al-amti'a masmooH bih	
Is that pounds or kilos?	هل هذا بالرطل أو بالكيلو؟	
	hal haadha bir-ruTul aw bil-kilo	
Which terminal/gate?	أي صالة/بوابة؟	
	ay Saala/bawaaba	
I'd like a window/an aisle seat.	أريد مقعد على النافذة/الممشى.	
	ureed maq'ad 'ala al-naafidha/ al-mamshaa	
When do we leave/arrive?	متى نغادر/نصل؟	
	mata nughaadir/naSil	
Is the flight delayed?	هل الرحلة متأخرة؟	
	hal ar-riHla muta'akhira	
How late?	كم متأخرة؟	
	kam muta'akhira <u>hoo</u> • fayl fuhr • traa • <u>khihng</u> hayft hie	

LUGGAGE

YOU MAY HEAR...

من التالي!
man at-taalee

جواز سفرك/تذكرتك، من فضلك.
jawaaz safrak/tadhkaratak min faDlak

هل ستودع أي أمتعة؟
hal sa-tuwadi' ay amti'a

هذا أكبر من حجم حقيبة اليد المسموح به
haadha akbar min Hajm Haqeebat al-yad al-masmooH bih

هل عبّأت الحقائب بنفسك؟
hal 'aba'at al-Haqaa'ib bi-nafsak

أفرغ جيوبك.
afragh juyoobak

إخلع حذائك.
ikhla' Hadhaa'ik

بدأ الآن صعود الركاب إلى الطائرة...
bada' al-aan Su'ood ar-rukaab ila aT-Taa'ira....

Next!
Your ticket/passport, please.
Are you checking any luggage?
That's too large for a carry-on [piece of hand luggage].
Did you pack these bags yourself?
Empty your pockets.
Take off your shoes.
Now boarding...

Where is/are...?	أين...؟
	ayn...
the luggage trolleys	عربات الأمتعة
	'arabaat al-amti'a
the luggage lockers	خزائن الأمتعة
	jazaa'in al-amti'a

the baggage claim	استلام الأمتعة
	istilaam al-amti'a
My luggage has been lost/stolen.	تعرضت أمتعتي للسرقة/للضياع.
	ta'araDat amta'tee lis-sirqa/liD-Deeyaa'
My suitcase is damaged.	تعرضت حقيبتي للتلف.
	ta'araDat Haqeebatee li-tilf

FINDING YOUR WAY

Where is/are...?	أين...؟
	ayn...
the currency exchange	تبديل العملات
	tabdeel al-'umlaat
the car rental [hire]	تأجير السيارات
	ta'jeer as-sayaaraat
the exit	المخرج
	al-makhraj
the taxis	التاكسيات
	at-taaksiyaat
Is there...into town?	هل هناك...إلى المدينة؟
	hal hunaak...ila al-madeena
a bus	باص
	baaS
a train	القطار
	qiTaar
a subway [underground]	مترو الأنفاق
	metro al-anfaaq

For Asking Directions, see page 63.

TRAIN

Where's the train [railway] station?	أين محطة القطار؟
	ayn maHatat al-qiTaar

54 • EXPLORING

How far is it?	كم هي بعيدة؟
	kam hiya ba'eeda
Where is/are...?	أين...؟
	ayn...
the ticket office	مكتب التذاكر
	maktab at-tadhaakir
the information desk	الاستعلامات
	al-ista'laamaat
the luggage lockers	خزائن الأمتعة
	khazaa'in al-amti'a
the platforms	الأرصفة
	al-arSifa
Can I have a schedule [timetable]?	هل يمكنني أن أحصل على جدول زمني؟
	hal yumkinanee an iHSal 'ala judool zamanee
How long is the trip?	ما طول رحلة؟
	ma Tool riHla
Is it a direct train?	هل هذا القطار مباشر؟
	hal haadha al-qiTaar mubaashir
Do I have to change trains?	هل عليّ أن أغير القطارات؟
	hal 'alayya an ughayyir al-qiTaaraat
Is the train on time?	هل يصل القطار في موعده؟
	hal yuSil al-qiTaar fee maw'ida

For Tickets, see page 47.

YOU MAY SEE...

أرصفة	platforms
معلومات	information
حجوزات	reservations
غرفة انتظار	waiting room
قدوم	arrivals
مغادرة	departures

There are virtually no international Middle Eastern train services in operation, a notable exception being the Amman to Damascus route (part of the famous Ottoman Hijaaz train line). In some tourist areas, there are services running between cities, such as the Cairo to Luxor overnight service.

DEPARTURES

Which track [platform] to…?	أي خط إلى…؟ *ay khaT ila…*
Is this the track [platform]/train to…?	هل هذا الخط/القطار إلى *hal haadha al-khaT/al-qiTaar ila…*
Where is track [platform]…?	أين خط…؟ *ayn khaT…*
Where do I change for…?	أين أغيّر إلى…؟ *ayn ughayir ila…*

ON BOARD

Can I sit here/open the window?	ممكن أجلس هنا/أفتح النافذة؟ *mumkin ajlis huna/ aftah an-naafidha*

That's my seat.	ذلك مقعدي. *dhaalik maq'adee*
Here's my reservation.	ها هو حجزي. *haa huwa Hajzee*

> **YOU MAY HEAR…**
>
> التذاكر، من فضلك.
 at-tadhaakir min faDlak — Tickets, please.
>
> عليك أن تقوم بالتغيير في…
 'alayka an taqoom bit-tughyeer fee… — You have to change at…
>
> المحطة القادمة…
 al-maHaTat al-qaadima … — Next stop…

BUS

Where's the bus station?	أين محطة الباص؟ *ayn maHatat al-baaS*
How far is it?	كم هي بعيدة؟ *kam hiya ba'eeda*
How do I get to…?	كيف أصل إلى…؟ *kayf aSil ila…*
Is this the bus to…?	هل يذهب هذا الباص إلى…؟ *hal yadh-hab haadha al-baaS ila…*
Can you tell me when to get off?	ممكن تقول لي متى أنزل؟ *mumkin taqool lee mata anzil*
Do I have to change buses?	هل عليّ تبديل الباص؟ *hal 'alay tabdeel al-baaS*
Stop here, please!	قف هنا، من فضلك! *qif huna min faDlak*

For Tickets, see page 47.

YOU MAY SEE...

محطة باص	bus stop
طلب التوقف	request stop
مدخل/مخرج	enterance/exit
أختم تذكرتك	stamp your ticket

Long-distance buses are a popular and cheap means of transportation, although services can be crowded. For travel within the country you are in, you can make all reservations at the station. For travel between countries, it is adviseable to book through a travel agency.

METRO

Where's the metro [underground] station?	أين محطة مترو الأنفاق؟ *ayn maHaTat metro al-anfaaq*
A map, please.	خريطة، من فضلك. *khareeTa min faDlak*
Which line for...?	أي خط إلى...؟ *ay khaT ila...*
Which direction?	أي اتجاه؟ *ay itijaah*
Do I have to transfer [change]?	هل علي أن أغيّر؟ *hal 'alay an ughayir*
Is this the metro [train]?	هل يذهب هذا القطار إلى...؟ *hal yadh-hab haadha al-qiTaar ila...*
How many stops to...?	كم محطة إلى...؟ *kam maHaTTa ila...*

Where are we? أين نحن؟
ayn naHnu

For Tickets, see page 47.

BOAT & FERRY

When is the ferry to…?	متى العبّارة إلى…؟ mata al-'ibbaara ila…
Can I take my car?	هل يمكنني أن أذهب بسيارتي؟ hal yumkinanee an adh-hab bi-seeyaaratee
What time is the next sailing?	متى يحين موعد الرحلة البحرية القادمة؟ mata yuHeen maw'id ar-riHlat al-baHreeyat al-qaadima
Can I book a seat/cabin?	هل يمكنني أن أحجز مقعداً/كابينة؟ hal yumkinanee an aHjaz maq'adan/kaabeena
How long is the crossing?	ما طول رحلة العبور؟ ma Tool riHlat al-'uboor

YOU MAY SEE…

قارب النجاة	life boats
سترة النجاة	life jackets

TAXI

Where can I get a taxi?	أين ممكن أن أجد تاكسي؟ ayn mumkin an ajid taaksee
Can you send a taxi?	هل يمكنك أن ترسل سيارة أجرة؟ hal yumkinak an tursil seeyaarat ajra
Do you have the number for a taxi?	هل عندك رقم تاكسي؟ hal 'andak raqm taaksee

> Another popular means of long-distance travel is the سرفيس **servees**, shared taxi or microbus, which is the middle ground between long-distance buses and private taxis. These run between towns from known starting points and usually seat seven to ten people paying a fixed fare. Each **servees** will wait until it is full and then depart. If the wait is very long, it is possible for the existing passengers to agree to share the cost of the empty seats. Buses and trams are a cheap way to travel around cities. Be warned - you might find the bus number in English, but the destination is often written in Arabic.

I'd like a taxi...	أريد تاكسي	
	ureed taaksee	
now	الآن	
	al-aan	
in an hour	بعد ساعة	
	ba'ad saa'a	
for tomorrow at...	للغد الساعة...	
	lil-ghad as-saa'a...	
Pick me up at...	تعال لتأخذني الساعة...	
	ta'aal li-ta'akhudhnee as-saa'a...	
I'm going to...	أنا ذاهب إلى...	
	ana dhaahib ila...	
this address	هذا العنوان	
	haadha al-'unwaan	
the airport	المطار	
	al-maTaar	
the train [railway]	محطة القطار	
	maHaTat al-qiTaar	
I'm late.	أنا متأخر.	
	ana muta'akhir	

Can you drive faster/slower?	ممكن تسوق بسرعة أكبر/بتمهل أكثر؟ *mumkin tasooq bi-sur'a akbar/bi-tamahul akthar*
Stop/Wait here.	قف/انتظر هنا. *qif/intaZar huna*
How much?	بكم؟ *bi-kam*
You said it would cost...	أنت قلت أنها ستكلف... *anta qulta inaha sa-tukalif...*
Keep the change.	الباقي لك. *al-baaqee lak*

> The expected tip in taxis is 10%. Prices can be negotiated in some countries, but it is always best to agree on the price before setting off.

YOU MAY HEAR...

إلى أين؟ *ila ayn*	Where to?
ما هو العنوان؟ *ma huwa al-'unwaan*	What's the address?
هناك أجرة إضافية للفترة الليلية/للمطار. *hunaak ujrat iDaafeeya lil-fitrat al-layleeya/lil-maTaar*	There's a nighttime/airport surcharge.

BICYCLE & MOTORBIKE

I'd like to rent [hire]...	أريد أن أستأجر... *ureed an asta'jir...*
a bicycle	دراجة *daraaja*
a moped	دراجة بمحرك *daraaja bi-muHarik*

a motorcycle	دراجة نارية	*daraaja naareeya*
How much per day/week?	كم باليوم/الأسبوع؟	*kam bil-yawm/bil-usboo'*
Can I have a helmet/lock?	ممكن تعطيني خوذة/قفل؟	*mumkin tu'Teenee khawdha/qifl*
I have a puncture/flat tyre.	لدي إطار مثقوب/مفرغ من الهواء.	*laday iTaar mathqoob/mafragh min al-hawaa'*

CAR HIRE

Where's the car rental [hire]?	أين إيجار السيارات؟	*ayn eejaar as-sayaaraat*
I'd like…	أريد…	*ureed…*
an automatic/a manual	بغيار عادي/بغيار أوتوماتيكي	*bi-ghiyaar 'aadee/bi-ghiyaar awtoomaateekee*
air conditioning	تكييف هواء	*takyeef hawaa'*
a car seat	مقعد سيارة	*maq'ad sayaara*
How much…?	بكم…؟	*bi-kam…*
per day/week	باليوم/بالأسبوع	*bil-yawm/bil-usboo'*
per kilometer	بالكيلومتر	*bil-kilometer*
for unlimited mileage	بأميال غير محدودة	*bi-amyaal ghayr maHdooda*
with insurance	مع تأمين	*ma' taa'meen*
Are there any discounts?	هل هناك أي تخفيضات؟	*hal hunaak ay takhfeeDaat*

YOU MAY HEAR…

هل لديك رخصة قيادة دولية؟
hal ladayk rukhSat qeeyaada doowaleeya

Do you have an international driver's license?

جواز سفرك من فضلك.
jawaaz safarak min faDlak

Your passport, please.

هل تريد تأمين؟
hal tureed taa'meen

Do you want insurance?

سأحتاج إلى عربون
sa-aHtaaj ila 'arboon

I'll need a deposit.

ضع الحرف الأول من اسمك/وقّع هنا
Da' al-Hurf al-awal min ismak/waqi' huna

Initial/Sign here.

CAR WITH DRIVER

I'd like to hire a car with driver please.	أريد استئجار سيارة بسائق من فضلك. *ureed isti'jaar seeyaara bi-saa'iq min faDlak*
How much…?	كم يبلغ السعر…؟ *kam yabligh as-si'r…*
per day/week	في اليوم/الأسبوع *fee il-yawm/il-usboo'*
to go to…	للذهاب إلى…. *lidh-dhihaab ila…*
Is this your best price?	هل هذا أفضل سعر لديك؟ *hal haadha afDal si'r ladayk*
What time are we leaving?	متى سننطلق؟ *mata sa-nunaTluq*
What time will we get there?	متى سنصل إلى هناك؟ *mata sa-nuSal ila hunaak*
Can we stop here?	هل يمكننا أن نتوقف هنا؟ *hal yumkinanaa an nutawqif huna*

EXPLORING • 63

FUEL STATION

> Many petrol stations throughout the Middle East have attendants. A small tip for this service is usually appropriate.

Where's the fuel station?	أين محطة البنزين؟ *ayn maHaTat al-binzeen*
Fill it up.	املأ الخزان. *imlaa' al-khazaan*
…, please.	…، من فضلك. *…min faDlak*
I'll pay in cash/by credit card.	سوف أدفع نقداً/عن طريق بطاقة الائتمان. *sawf adfa' naqdan/'an Tareeq biTaaqat al-i'timaan*

For Numbers, see page 22.

YOU MAY SEE…

بنزين	gas [petrol]
برصاص	leaded
بدون رصاص	unleaded
عادي	regular
ممتاز	super
الأفضل	premium
ديزل	diesel

ASKING DIRECTIONS

Is this the way to…?	هل هذا الطريق إلى…؟ *hal haadha aT-Tareeq ila…*

YOU MAY HEAR...

على طول	'ala Tool	straight ahead
يسار	yasaar	left
يمين	yameen	right
على/حول الزاوية	'ala/Hawl az-zaaweeya	around the corner
مقابل	muqaabil	opposite
خلف	khalf	behind
بجانب	bi-jaanib	next to
بعد	ba'ad	after
شمال/جنوب	shamaal/janoob	north/south
شرق/غرب	sharq/gharb	east/west
عند إشارة المرور	'ind ishaarat al-muroor	at the traffic light
عند ملتقى الطرق	'ind multaqee aT-Turuq	at the intersection

How far is it to…?	ما بعد المسافة إلى....؟	ma ba'd al-masaafa ila…
Where's…?	أين...؟	ayn…
…Street	شارع...	shaari'…
this address	هذا العنوان	haadha al-'unwaan
the highway [motorway]	الطريق السريع	aT-Tareeq as-saree'

Can you show me on the map?	ممكن ترشدني على الخريطة؟ *mumkin turshidnee 'ala al-khareeTa*	
I'm lost.	أنا تائه. *ana taa'ih*	

PARKING

> Parking lots are easily come by as everyone drives in the Middle East, although this also means that there are usually a few other cars vying for the same space as you so it can be a case of survival of the fittest. Air-conditioned, enclosed parking lots are ideal given the extreme heights temperatures can reach during the day.

Can I park here?	ممكن أركن سيارتي هنا؟ *mumkin arkun sayaaratee huna*	
Where's…?	أين…؟ *ayn…*	
the parking garage	موقف جراج *mawqif garaaj*	
the parking lot [car park]	موقف السيارات *mawqif as-sayaaraat*	
the parking meter	عداد الموقف *'adaad al-mawqif*	
How much…?	كم…؟ *kam…*	
per hour	بالساعة *bis-saa'a*	
per day	باليوم *bil-yawm*	
overnight	بالليلة *bil-layla*	

BREAKDOWN & REPAIR

My car broke down/won't start.	سيارتي تعطلت/لا تعمل	sayaaratee ta'TTalat/la ta'mal
Can you fix it (today)?	هل يمكن أن تصلحها (اليوم)؟	hal yumkin an tuSaliHha (al-yawm)
When will it be ready?	متى ستكون جاهزة؟	mata sa-takoon jaahiza
How much?	بكم؟	bi-kam

For Time, see page 25.

ACCIDENTS

There was an accident.	وقع حادث.	waqa' Haadith
Call an ambulance/the police.	اتصل بالإسعاف/بالشرطة.	itaSil bil-is'aaf/bish-shurTa

For Police, see page 135.

Road accidents are a major cause of fatalies in the Middle East, usually due to speed. Always regard the speed limits in place and always wear your seatbelt. There is a zero tolerance for drink driving in operation in most countries, if you are in doubt, even the next day after a night out, take a cab.

PLACES TO STAY

NEED TO KNOW

Can you recommend a hotel?	ممكن تنصحني بفندق؟ *mumkin tanSaHnee bi-funduq*
What is it near?	قريب من أين؟ *qareeb min ayn*
I have a reservation.	عندي حجز. *'andee Hajz*
My name is…	إسمي… *ismee…*
Do you have a room…?	عندك غرفة…؟ *'andak ghurfa…*
for one/for two	لواحد/لاثنين *li-waaHid/li-ithnayn*
with a bathroom	مع حمّام *ma' Hamaam*
with air conditioning	بتكييف هواء *bi-takyeef hawaa'*
For…	لـ… *li…*
tonight	الليلة *al-layla*
two nights	ليلتين *laylatayn*
one week	أسبوع *usboo'*
How much?	بكم؟ *bi-kam*
Is there anything cheaper?	هل يوجد أي شيء أرخص؟ *hal yoojad ay shay arkhaS*

Can I see the room?	ممكن أرى الغرفة؟
	mumkin araa al-ghurfa
I'll take it.	سآخذها.
	sa-aakhudh-haa
When's checkout?	متى وقت تسليم الغرفة؟
	mata waqt tasleem al-ghurfa
Can I leave this in the safe?	ممكن أترك هذا في الخزينة؟
	mumkin atruk haadha fee al-khazeena
Can I leave my bags?	ممكن أترك حقائبي؟
	mumkin atruk Haqaa'ibee
I'll pay in cash/by credit card.	سأدفع كاش/ببطاقة إئتمان.
	sa-adfa' kaash/bi-biTaaqat i'timaan

There is a wide range of accommodations to choose from in the Middle East, from luxury Western-style hotels to youth hostels, rented apartments and campsites. Try to reserve in advance, particularly during local holidays. In many parts of the Middle East, an unmarried man and woman will not be allowed to share a room, although two men or two women should pose no problem. Women traveling alone should be especially careful to reserve accommodations in an international or otherwise well-known hotel. Accommodations in hostels or campsites are most likely to be found in countries such as Algeria, Morocco and Egypt.

SOMEWHERE TO STAY

Can you recommend…?	ممكن تنصحني...؟
	mumkin tanSaHnee…
a hotel	بفندق
	bi-funduq

a hostel/youth hostel	بنُزُل/ببيت شباب *bi-nuzul/bi-bayt shabaab*	
a bed and breakfast (B&B)	فندق بنظام المبيت والإفطار *funduq bi-niZaam al-mabeet wa al-ifTaar*	
a campsite	بمخيّم *bi-mukhayyam*	
What is it near?	قريب من أين؟ *qareeb min ayn*	
How do I get there?	كيف أصل هناك؟ *kayf aSil hunaak*	

> Hospitality plays an important role in Middle Eastern culture so expect to be greeted warmly and for nothing to be too much trouble, even in the smallest establishments.

AT THE HOTEL

I have a reservation.	عندي حجز. *'andee Hajz*	
My name is…	إسمي… *ismee…*	
Do you have a room…?	عندك غرفة؟ *'andak ghurfa*	
with a bathroom [toilet]/shower	مع حمّام/دُش *ma' Hamaam/doosh*	
with air conditioning	بتكييف هواء *bi-takyeef hawaa'*	
that's smoking/non-smoking	للمدخنين/الغير المدخنين *lil-mudakh-ineen/li-ghayr al-mudakhineen*	
For…	لـ… *li…*	
tonight	الليلة *al-layla*	

two nights	ليلتين	
	laylatayn	
a week	أسبوع	
	usboo'	
Do you have…?	هل عندك...؟	
	hal 'andak…	
a computer	كمبيوتر	
	kumbyootir	
an elevator [a lift]	مصعد	
	mis'ad	
(wireless) internet service	خدمة إنترنت (لاسلكي)	
	khidmat internet (lasilkee)	
housekeeping services	خدمات تنظيف	
	khidmaat tanZeef	
laundry service	خدمة غسيل ملابس	
	khidma ghaseel malaabis	
room service	خدمة غرف	
	khidma ghuruf	
a pool	مسبح	
	masbaH	
a gym	جيمنازيوم	
	jeemnaaziyoom	
I need…	أحتاج إلى...	
	aHtaaj ila…	
an extra bed	سرير إضافي	
	sareer iDafee	
a cot	سرير للأطفال الرضع	
	sareer lil-aTfaal ar-raDi'	
a crib	سرير للأطفال الصغار	
	sareer lil-aTfaal aS-Sighaar	

YOU MAY HEAR...

جواز سفرك/بطاقتك الائتمانية، من فضلك.
jawaaz safrak/biTaaqatak al-i'timaaneeya min faDlak
املأ هذا النموذج.
imlaa' haadha an-namoodhij
وقِّع هنا.
waqa' huna

Your passport/credit card, please.
Fill out this form.

Sign here.

PRICE

How much per night/week?	كم في الليلة/الأسبوع؟ *kam fee al-layla/al-usboo'*
Does that include breakfast/tax?	هل يشمل ذلك الإفطار/الضريبة؟ *hal yashmal dhaalik al-ifTaar/aD-Dareeba*
Are there any discounts?	هل هناك تخفيضات؟ *hal hunaak takhfeeDaat*

PREFERENCES

Can I see the room?	ممكن أرى الغرفة؟ *mumkin araa al-ghurfa*
I'd like...room.	أريد غرفة... *ureed ghurfa...*
a better	أفضل *afDal*
a bigger	أكبر *akbar*
a cheaper	أرخص *arkhaS*
a quieter	أهدأ *ahdaa'*

I'll take it.	سآخذها	
	sa-aakhudh-haa	
No, I won't take it.	لا، لن آخذها.	
	la lan aakhudh-haa	

QUESTIONS

Where is/are…?	أين…؟
	ayn…
the bar	البار
	al-baar
the bathroom [toilet]	التواليت
	at-toowaaleet
the elevator [lift]	المصعد
	al-miS'ad
Do you have…?	هل عندك…؟
	hal 'andak…
a blanket	بطانية
	baTaaneeya
an iron	مكواة
	mikwa
the room key/ key card	كرت المفتاح/مفتاح الغرفة
	kart al-miftaH/miftaH al-ghurfa
a pillow	مخدة
	mikhadda
soap	صابون
	Saaboon
toilet paper	ورق تواليت
	waraq toowaaleet
a towel	منشفة
	minshafa
Do you have an adapter for this?	هل عندك محوّل لهذا؟
	hal 'andak muHawwil li-haadha
How do I turn on/ off the lights?	كيف أقوم بتشغيل/إطفاء الأضواء؟
	kayf aqoom bi-tashgheel/iTfaa' al-aDwaa'

Can you wake me at…?	ممكن تصحيني الساعة...؟ *mumkin tuSaHeenee as-saa'a…*
Can I leave this in the safe?	ممكن أترك هذا في الخزينة؟ *mumkin atruk haadha fee al-khazeena*
Can I have my things from the safe?	ممكن آخذ أشيائي من الخزينة؟ *mumkin akhudh ashyaa'ee min al-khazeena*
Is there mail [post]/a message for me?	هل هناك بريد/رسائل لي؟ *hal hunaak bareed/rasaa'il lee*
Do you have a laundry service?	هل لديكم خدمة غسيل الملابس؟ *hal ladeekum khidma ghaseel al-malaabis*

YOU MAY SEE…

ادفع/اسحب	push/pull
حمام [دورة مياه]	bathroom [toilet]
دش استحمام	showers
مصعد	elevator [lift]
سلالم [درج]	stairs
ماكينات بيع	vending machines
ثلج	ice
مغسلة	laundry
ممنوع الإزعاج	do not disturb
مخرج حريق	fire door
مخرج (طوارئ)	emergency/fire exit
مكالمة إيقاظ	wake-up call

PROBLEMS

There's a problem.	هناك مشكلة.
	hunaak mushkila
I lost my key/key card.	فقدت مفتاحي/كرت مفتاحي.
	faqadtu miftaaHee/kart miftaaHee
I've locked my key/key card in the room.	أغلقت الغرفة ونسيت المفتاح/بطاقة المفتاح في الغرفة
	aghlaqtu al-ghurfa wa naseetu al-miftaaH/ biTaaqat al-miftaaH fee il-ghurfa
I'm locked out of the room.	لا أستطيع الدخول إلى غرفتي.
	la astaTee' ad-dukhool li-ghurfatee
There's no hot water/toilet paper.	لا يوجد ماء ساخن/ورق تواليت.
	la yoojad maa' saakhin/waraq toowaaleet
The room is dirty.	الغرفة وسخة.
	al-ghurfa wisikha
There are bugs in the room.	هناك حشرات في الغرفة.
	hunaak Hasharaat fee al-ghurfa
The...doesn't work.	...لا يعمل
	la...ya'mal
Can you fix...?	يمكنك تصليح...؟
	yumkinak taSleeH...
the air conditioning	تكييف الهواء
	takyeef al-hawaa'
the fan	المروحة
	al-marwaHa
the heat [heating]	التدفئة
	at-tadfi'a
the light	الضوء
	aD-Doo'
the TV	التلفزيون
	at-tilifizyoon
the toilet	التواليت
	at-toowaaleet
I'd like another room.	أريد غرفة أخرى.
	ureed ghurfat ukhraa

Unlike the U.S., most of the Middle East runs on 220-volt electricity, and plugs are usually two-pronged, although this does vary. You may need a converter and/or an adapter for your appliance.

CHECKING OUT

When's checkout?	متى وقت تسليم الغرفة؟
	mata waqt tasleem al-ghurfa
Can I leave my bags here until…?	ممكن أترك حقائبي هنا حتى...؟
	mumkin atruk Haqaa'ibee huna Hata…
Can I have an itemized bill/ a receipt?	ممكن تعطيني قائمة مفصلة بالحساب/الوصل؟
	mumkin ta'Teenee qaa'ima mufaSSala bil-Hisaab/ al-waSl
I think there's a mistake.	أعتقد أن هناك خطأ.
	a'taqid an hunaak khaTaa'
I'll pay in cash/ by credit card.	سأدفع كاش/ببطاقة إئتمان.
	sa-adfa' kaash/bi-biTaaqat i'timaan

Tipping porters and valet attendants is generally expected and is always appreciated.

RENTING

I reserved an apartment/a room. My name is…	أنا حجزت شقة/غرفة.
	ana Hajaztu shaqqa/ghurfa
	إسمي...
	ismee…

Can I have the keys?	هل يمكنني استلام المفاتيح؟ *hal yumkinanee istilaam al-mafaateeH*	
Are there...?	هل هناك...؟ *hal hunaak...*	
dishes	صحون *SuHoon*	
pillows	مخدات *mikhadaat*	
sheets	ملايات *milaayaat*	
towels	مناشف *manaashif*	
utensils	أدوات الطبخ *adwaat aT-Tabkh*	
When do I put out the bins/recycling?	متى أقوم بإخراج سلال المهملات/تدوير المخلفات؟ *mata aqoom bi-ikhraaj salaal al-muhamilaat/tadweer al-mukhlifaat*	
How does the... work?	كيف يعمل الـ...؟ *kayf ya'mal al-...*	
The...is broken.	الـ...مكسور *al-...maksoor*	
air conditioner	تكييف الهواء *takyeef al-hawaa'*	
dishwasher	غسالة الصحون *ghasaalat aS-SuHoon*	
freezer	فريزر *fireezir*	
heater [heating]	سخان *sakhaan*	
microwave	ميكرويف *meekroowayif*	
refrigerator	ثلاجة *thallaaja*	

stove	فرن	
	furn	
washing machine	غسالة الملابس	
	ghasaalat al-malaabis	

DOMESTIC ITEMS

I need...	...أحتاج	
	aHtaaj...	
an adapter	محوّل	
	muHawwil	
aluminum [kitchen] foil	رقائق الألمنيوم	
	raqaa'iq aluminyoom	
a bottle opener	فتاحة زجاجات	
	fataaHa zujaajaat	
a broom	مكنسة	
	miknasa	
a can opener	فتاحة معلبات	
	fataaHa mu'alabaat	
cleaning supplies	مواد تنظيف	
	mawaad tanZeef	
a corkscrew	فتاحة النبيذ	
	fataaHat an-nabeedh	

detergent	منظف
	munaZZif
dishwashing liquid	سائل لغسيل الصحون
	saa'il li-ghaseel aS-SuHoon
garbage [rubbish] bags	أكياس قمامة
	akyaas qamaama
a lightbulb	لمبة
	lamba
matches	كبريت
	kibreet
a mop	ممسحة
	mimsaHa
napkins	مناديل المائدة
	manadeel al-maa'ida
paper towels	مناشف ورق
	manaashif waraq
plastic wrap [cling film]	غلاف نايلون
	ghilaaf nayloon
a plunger	الغاطس
	al-ghaaTis
scissors	مقص
	miqaSS
a vacuum cleaner	مكنسة كهربية
	makinsa kahrubeeya

For In the Kitchen, see page 180.

AT THE HOSTEL

Is there a bed available?	هل يوجد سرير فارغ؟
	hal yoojad sareer faarigh
I'd like…	أريد…
	ureed…
a single/ double room	غرفة منفردة/مزدوجة
	ghurfa munfarida/muzdowaja

a blanket	بطانية	*baTaaneeya*
a pillow	مخدة	*mikhadda*
sheets	ملايات	*milaayaat*
a towel	منشفة	*minshafa*
Do you have lockers?	هل عندك خزائن؟	*hal 'andak khazaa'in*
When do you lock up?	متى تقفل؟	*mata taqful*
Do I need a membership card?	هل أحتاج بطاقة عضوية؟	*hal aHtaaj biTaaqat 'uDweeya*
Here's my International Student Card.	ها هي بطاقة الطالب الدولية	*ha hiya biTaaqat aT-Taalib ad-doowaleeya*

GOING CAMPING

Can I camp here?	ممكن أخيّم هنا؟	*mumkin ukhayyam huna*
Where's the campsite?	أين المخيّم؟	*ayn al-mukhayyam*
What is the charge per day/week?	كم باليوم/بالأسبوع؟	*kam bil-yawm/bil-usboo'*
Is there running water?	هل هناك مياه جارية؟	*hal hunaak miyaah jaareeya*
Are there…?	هل هناك…؟	*hal hunaak…*
cooking facilities	لوازم طبخ	*lawaazim Tabkh*
electric outlets	مآخذ كهرباء	*ma'aakhadh kahrabaa'*

laundry facilities	مغسلة
	maghsala
showers	دُش
	doosh
tents for hire	خيام للتأجير
	khiyyaam lit-ta'jeer
Where can I empty the chemical toilet?	أين يمكنني إفراغ التواليت الكيميائي؟
	ayn yumkinanee ifraagh at-toowaaleet al-kimiyaa'ee

For In the Kitchen, see page 180.

YOU MAY SEE...

ماء للشرب	drinking water
ممنوع التخييم	no camping
ممنوع إشعال النار/الشوي	no fires/barbecues

EXPLORING • 81

COMMUNICATIONS

NEED TO KNOW

Where's an internet cafe?	أين يوجد مقهى إنترنت؟	ayn yoojad maqha internet
Can I access the internet?	ممكن أدخل على الإنترنت؟	mumkin adkhul 'ala al-internet
Can I check email?	ممكن أشوف البريد الإلكتروني؟	mumkin ashoof al-bareed al-iliktroonee
How much per (half) hour?	كم الحساب لمدة (نصف) ساعة؟	kam al-Hisaab li-mudda (nusf) saa'a
How do I connect/log on?	كيف أصل/أدخل على الإنترنت؟	kayf aSil/adkhul 'ala al-internet
A phone card, please.	بطاقة تلفونية، من فضلك.	biTaaqa tilifooneeya min faDlak
Can I have your phone number?	ممكن آخذ رقم تلفونك؟	mumkin akhudh raqm tilifoonak
Here's my number/email.	هذا رقمي/عنوان بريدي الإلكتروني.	haadha raqmee/'unwaan bareedee al-iliktroonee
Call me.	اتصل بي.	ittaSil bee
Email me.	أرسل لي رسالة إلكترونية.	arsil lee risaalat iliktrooneeya
Hello. This is [I am]…	السلام عليكم. أنا…	as-salaam 'alaykum. ana…
Can I speak to…?	ممكن أتكلم مع…؟	mumkin atakallam ma'…
Can you repeat that?	ممكن تعيد؟	mumkin tu'eed

I'll call back later.	سأتصل لاحقاً.
	sa-attaSil laaHiqan
Bye.	مع السلامة.
	ma'as-salaama
Where's the post office?	أين البريد؟
	ayn al-bareed
I'd like to send this to…	أريد أن أرسل هذا إلى…
	ureed an ursil haadha ila…

Internet access can be heavily censored, with many sites that are blocked and not accessible. The sites affected will vary depending on the laws of the country you are in.

ONLINE

Where's an internet cafe?	أين يوجد مقهى إنترنت؟
	ayn yoojad maqha internet
Does it have wireless internet?	عندهم إنترنت لاسلكي؟
	andahum internet lasilkee
What is the WiFi password?	ماهي كلمة المرور للإنترنت اللاسلكي؟
	ma hiya kalimat al-muroor lil-internet al-lasilkee
Is the WiFi free?	هل الإنترنت اللاسلكي مجاني؟
	hal al-internet al-lasilkee majaanee
Do you have bluetooth?	هل لديكم بلوتوث؟
	hal ladeekum bloo tooth
Can you show me how to turn on/off the computer?	هل بمكنك أن تريني كيف أقوم بتشغيل/إيقاف تشغيل جهاز الكمبيوتر؟
	bi-tashgheel/eeqaaf tashgheel jihaaz al-kumbyootir

Can I…?	هل يمكنني…؟	
	hal yumkinanee…	
access the internet	أدخل على الإنترنت	
	adkhul 'ala al-internet	
check my email	فتح بريدي الإلكتروني	
	fataH bareedee al-iliktroonee	
print	أطبع	
	aTba'	
plug in/charge my laptop/iPhone/ iPad/BlackBerry	توصيل/شحن حاسبي المحمول/هاتف الأيفون/الأيباد/البلاكبيري	
	tooSeel/shaHan Haasibee al-maHmool/ haatif al-ayfoon/al-aaybaad/ al-blaakbeeree	
access Skype	الدخول إلى سكايب	
	ad-dukhool ila skaayib	
How much per (half) hour?	كم الحساب لمدة (نصف) ساعة؟	
	kam al-Hisaab li-mudda (nusf) saa'a	
How do I…?	كيف…؟	
	kayf…	
connect/ disconnect	أتصل/أقطع الاتصال	
	attaSil/aqTa' l-ittiSaal	
log on/off	أدخل على/أخرج من الإنترنت	
	adkhul 'ala/akhruj min al-internet	
type this symbol	أطبع هذا الرمز	
	aTba' haadha ar-ramz	
What's your email?	ما هو عنوان بريدك الإلكتروني؟	
	ma huwa 'unwaan bareedak al-iliktroonee	
My email is…	عنوان بريدي الإلكتروني هو…	
	'unwaan bareedee al-iliktroonee huwa…	
Do you have a scanner?	عندكم ماسحة؟	
	'andakum maasiHa	

YOU MAY SEE...

إغلاق	close
تراجع	delete
بريد إلكتروني	email
خروج	exit
مساعدة	help
ماسنجر	instant messenger
إنترنت	internet
دخول	log in
رسالة جديدة	new (message)
تشغيل/إيقاف	on/off
فتح	open
طباعة	print
حفظ	save
إرسال	send
اسم المستخدم/كلمة المرور	username/password
إنترنت لاسلكي	wireless internet

SOCIAL MEDIA

Are you on Facebook/Twitter?
هل لديك حساب على فيسبوك/تويتر؟
hal ladayk Hisaab 'ala feesbook/tweetir

What's your username?
ما اسم المستخدم الخاص بك؟
ma ism al-mustakhdim al-khaaS beek

I'll add you as a friend.
سأضيفك كصديق.
sa-aDeefak ka-Sadeeq

I'll follow you on Twitter.
سأتابعك على تويتر.
sa-ataabi'ka 'ala tweetir

Are you following…?	هل تتابعي…؟ *hal tutaabi'…*
I'll put the pictures on Facebook/Twitter.	سأضع الصور على فيسبوك/تويتر. *sa-uDi' aS-Suwwar 'ala feesbook/tweetir*
I'll tag you in the pictures.	سأضع اسمك على الصور. *sa-uDi' ismak 'ala aS-Suwwar*

PHONE

A phone card/ prepaid phone, please.	بطاقة هاتف/هاتف مدفوع مسبقاً من فضلك. *biTaaqa haatif/haatif madfoo' musabiqan min faDlak*
How much?	كم سعره؟ *kam si'rhu*
Where's the pay phone?	أين يوجد الهاتف مدفوع الأجر من فضلك؟ *ayn yoojad al-haatif madfoo' al-ajar min faDlak*
What's the area country code for…?	ما كود الاتصال بدولة…؟ *ma kood al-ittiSaal bi-dawla…*
What's the number for Information?	ما رقم الاستعلامات؟ *ma raqm al-ista'laamaat*
I'd like the number for…	أريد رقم… *ureed raqm…*
I'd like to call collect [reverse the charges].	أريد الاتصال استلام [إرجاع الرسوم]. *ureed al-ittiSaal istilaam [irjaa' ar-rusoom]*
My phone doesn't work here.	هاتفي لا يعمل هنا. *haatifee la ya'mal huna*
What network are you on?	ما الشبكة التي تتصل من خلالها؟ *ma ash-shabka alatee tutaSil min khilaalahaa*
Is it 3G?	هل هي G3؟ *hal hiya three-jee*
I have run out of credit/minutes.	نفد رصيدي/نفدت الدقائق. *nafd raSeedee/nafadtu ad-daqaa'iq*

YOU MAY HEAR...

من المتكلم؟
man al-mutakallim

Who's calling?

لحظة من فضلك.
laHZa min faDlak

Hold on.

سأحولك.
sa-uHawwilak

I'll put you through.

هو/هي غير موجود/موجودة على خط آخر.
huwa m/hiya f ghayr mawjood/'ala khaT aakhir

He/She is not here/on another line.

هل تريد أن تترك له رسالة؟
hal tureed an tatruk lahu risaala

Would you like to leave a message?

اتصل لاحقاً/بعد عشر دقائق.
ittaSill laaHiqan/ba'ad 'ashr daqaa'iq

Call back later/in ten minutes.

ممكن يرد/ترد اتصالك لاحقاً؟
mumkin yarud m/tarud f ittiSaalak laaHiqan

Can he/she call you back?

ما رقم تلفونك؟
ma raqm tilifoonak

What's your number?

Can I buy some credit?	هل يمكنني شراء بعض الرصيد؟ *hal yumkinanee shiraa' ba'aD ar-raSeed*
Do you have a phone charger?	هل لديكم شاحن هاتف؟ *hal ladaykum shaaHin haatif*
Can I have your number?	هل يمكنني معرفة رقمك؟ *hal yumkinanee ma'arifa raqmak*
Here's my number.	هذا هو رقمي. *haadha huwa raqmee*
Please call/text me.	من فضلك اتصل بي/ارسل لي رسالة نصية. *min faDlak ittaSil bee/irsal lee risaala naSeeya*

I'll call/text you.	سوف أتصل بك/أرسل لك رسالة نصية.
	sawfa utaSil beeka/arsal laka risaala naSeeya

For Numbers, see page 22.

TELEPHONE ETIQUETTE

Hello. This is…	مرحباً. أنا…
	marHaban ana…
Can I speak to…?	هل يمكنني أن أتحدث إلى…؟
	hal yumkinanee an ataHaddath ila
Extension…	الرقم الداخلي…
	ar-raqm ad-daakhilee
Speak louder/more slowly, please.	تحدث بصوت مرتفع/ببطء، من فضلك.
	tuHaddath bi-Sawt murtafi'/bi-buT' min faDlak
Can you repeat that?	هل يمكنك أن تكرر ما قلته؟
	hal yumkinak an tukarrir ma qultuh
I'll call back later.	سوف أتصل بك في وقتٍ لاحق.
	sawfa uttaSil beeka fee waqtin laaHiq
Bye.	مع السلامة.
	ma' as-salaama

FAX

Can I send/receive a fax here?	هل يمكنني أن أرسل/استقبل رسالة فاكس هنا؟ *hal yumkinanee an arsal/istaqbal risaala faaks huna*
What's the fax number?	هل يمكنني أن أرسل/استقبل رسالة فاكس هنا؟ *ma raqm al-faaks*
Please fax this to…	يرجى إرسال هذا الفاكس إلى… *yurjee irsaal haadha al-faaks ila…*

POST

Where's the post office/mailbox [postbox]?	أين البريد/صندوق البريد؟ *ayn al-bareed/Sundooq al-bareed*
A stamp for this postcard/letter to…	أريد طابع لهذا الكرت/هذه الرسالة إلى… *ureed taabi' li-haadha al-kart/hadhihi ir-risaala ila…*
How much?	كم الحساب؟ *kam al-Hisaab*
Send this package by airmail/express.	أرسل هذا الطرد بالبريد الجوي/بالبريد السريع *ursil haadha aT-Tard bil-bareed al-jawwee/bil-bareed as-saree'*

When will it arrive? متى سيصل؟
mata sa-yaSil

A receipt, please إيصال، من فضلك.
eeSaal min faDlak

YOU MAY HEAR...

املأ نموذج البيان الجمركي.
imlaa' namoodhaj al-beeyaan al-jumrakee
Fill out the customs declaration form.

كم القيمة؟
kam al-qeema
What's the value?

ماذا يوجد بالداخل؟
maadha yoojad bid-daakhil
What's inside?

SIGHTSEEING

NEED TO KNOW

Where's the tourist information office?
أين مكتب الاستعلامات السياحية؟
ayn maktab al-ista'laamaat as-seeyaaHeeya

What are the main attractions?
ما هي المعالم الرئيسية؟
ma hiya al-ma'aalim ar-ra'eeseeya

Do you offer tours in English?
عندكم جولات سياحية بالإنكليزي؟
'andakum jawlaat seeyaaHeeya bil-ingleezee

Can I have a map/guide?
ممكن تعطيني خريطة/كتاب عن المكان؟
mumkin tu'Teenee khareeTa/kitaab

TOURIST INFORMATION

Do you have information on…?   عندكم معلومات عن...؟
'andakum ma'loomaat 'an…

Can you recommend…?   ممكن تنصحني بـ...؟
mumkin tanSaHnee bi…

  a bus tour   جولة بالباص
jawla bil-baaS

  an excursion to…   رحلة إلى...
riHla ila…

  a tour of…   جولة تشمل...
jawla tashmal…

For Asking Directions, see page 63.

Travel agents and tour operators are a good place to find out about local attractions and available tours. You may also find magazines in supermarkets and shopping malls with listings of events, attractions and tour operators in English.

ON TOUR

I'd like to go on the excursion to…	…أريد أن أذهب في جولة إلى *ureed an adh-hab fee jawlat ila…*
When's the next tour?	متى الجولة القادمة؟ *mata al-jawlat al-qaadima*
Are there tours in English?	هل هناك جولات بالإنكليزي؟ *hal hunaak jawlaat bil-ingleezee*
Is there an English guide book/audio guide?	هل هناك كتيب إرشادي/دليل صوتي مسجل باللغة الإنجليزية؟ *hal hunaak kateeb irshaadee/daleel Sawtee misjal bil-lughat al-ingleezeeya*
What time do we leave/return?	متى ننطلق/نعود؟ *mata nanTaliq/na'ood*
We'd like to see…	…نريد أن نرى *nureed an nara…*
Can we stop here…?	…ممكن نتوقف هنا؟ *mumkin natawaqqaf huna…*
to take photos	للتصوير *lit-taSweer*
for souvenirs	لشراء الهدايا التذكارية *li-shiraa'*
for the toilets	للذهاب إلى التواليت *lidh-dhihaab ila at-toowaaleet*
Is it disabled accessible?	هل المكان مجهز لاستقبال المعاقين؟ *hal al-makaan mujahhaz li-istiqbaal al-mu'aaqeen*

For Tickets, see page 47.

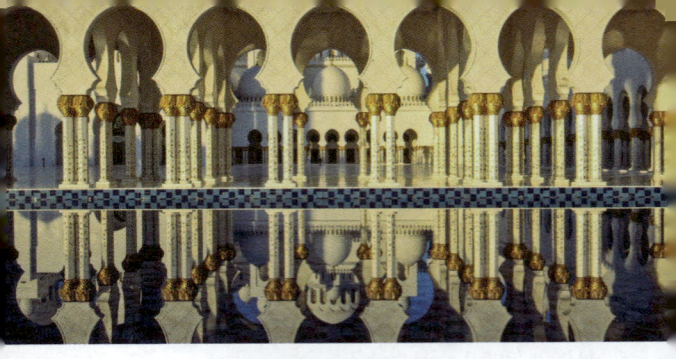

SEEING THE SIGHTS

Where's the…?	أين...؟	
	ayn…	
botanical garden	حديقة النباتات	
	Hadeeqat an-nabaataat	
castle	القلعة	
	al-qal'a	
downtown area	مركز المدينة	
	markaz al-madeena	
library	المكتبة	
	al-maktaba	
market	السوق	
	as-sooq	
museum	المتحف	
	al-matHaf	
old town	المدينة القديمة	
	al-madeenat al-qadeema	
palace	القصر	
	al-qaSr	
park	الحديقة العامة	
	al-Hadeeqat al-'aama	
parliament building	مبنى البرلمان	
	mabna al-barlamaan	

ruins	الآثار	
	al-aathaar	
shopping area	منطقة التسوق	
	manTaqat at-tasawwuq	
town hall	البلدية	
	al-baladeeya	
town square	ساحة المدينة	
	saaHat al-madeena	
Can you show me on he map?	ممكن تريني على الخريطة؟	
	mumkin tureenee 'ala al-khareeTa	
It's…	...إنه	
	innahu…	
amazing	مدهش	
	mud-hish	
beautiful	جميل	
	jameel	
boring	ممل	
	mumill	
interesting	مثير للاهتمام	
	mutheer lil-ihtimaam	
magnificent	جميل جداً	
	jameel jiddan	
romantic	رومانسي	
	roomaansee	

strange	غريب	
	ghareeb	
stunning	مذهل	
	mudh-hil	
terrible	فظيع	
	faZee'	
ugly	بشع	
	bashi'	
I (don't) like it.	(لا) أحبه.	
	(la) uHibbhu	

RELIGIOUS SITES

Where's...?	أين...؟	
	ayn...	
the Catholic/ Protestant church	الكنيسة الكاثوليكية/البروتستانتية	
	al-kaneesa al-kathooleekeeya/ al-brootistaanteeya	
the mosque	الجامع	
	al-jaami'a	
the shrine	المزار	
	al-mazaar	

the temple	المعبد
	al-ma'bad
What time is the service/prayer?	متى يقام القداس/تقام الصلاة؟
	mata yuqaam al-qudaas/tuqaam aS-Salaat

> The Arab world is predominantly Muslim. Muslims pray five times a day and gather in mosques for Friday prayers. Non-Muslims may not always be allowed to enter mosques. If allowed, remove your shoes, cover your legs and arms and women should cover their hair.

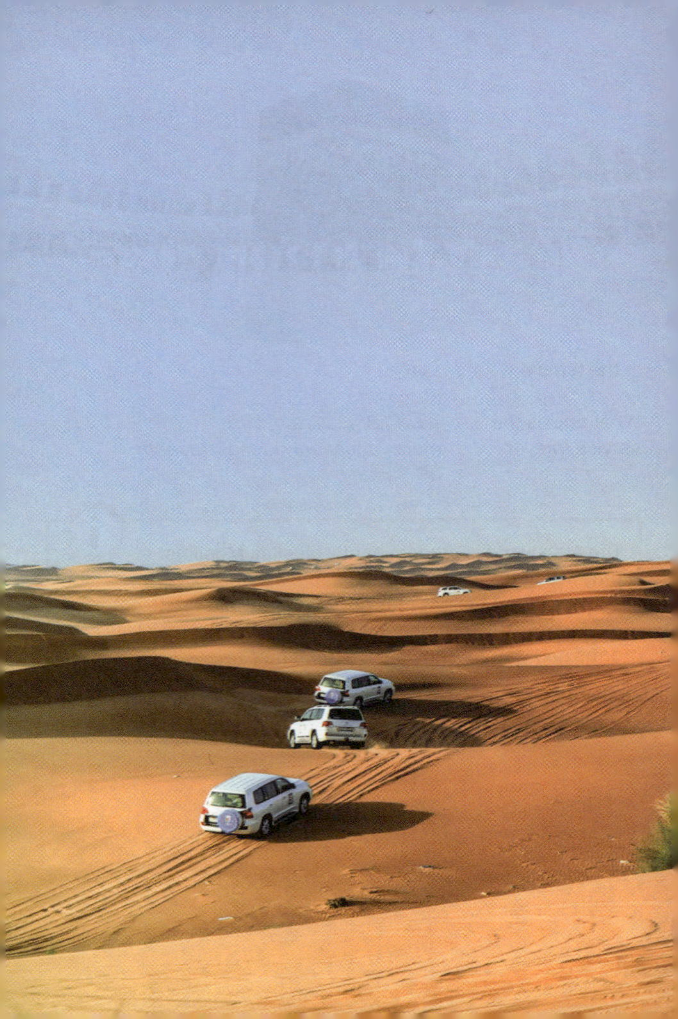

ACTIVITIES

SHOPPING 98
SPORT & LEISURE 119
TRAVELING WITH CHILDREN 128

SHOPPING

NEED TO KNOW

Where's the market/mall?	أين السوق/المركز التجاري؟ *ayn as-sooq/al-markaz at-tijaaree*
I'm just looking.	أنا أتفرج فقط. *ana atafaraj faqaT*
Can you help me?	ممكن تساعدني؟ *mumkin tusaa'idnee*
I'm being helped.	هناك من يساعدني. *hunaak man yusaa'idnee*
How much?	كم سعره؟ *kam si'rhu*
That one, please.	ذلك من فضلك. *dhaalik min faDlak*
That's all.	هذا كل شيء. *haadha kul shay*
Where can I pay?	أين أدفع؟ *ayn adfa'*
I'll pay in cash/by credit card.	سأدفع كاش/ببطاقة الائتمان. *sa-adfa' kaash/bi-biTaaqat al-i'timaan*
A receipt, please.	إيصال من فضلك. *eeSaal min faDlak*

Store opening hours will vary from country to country but many will close in the middle of the day and re-open later in the afternoon. Opening times also vary seasonally and particularly during Ramadan. All outlets are generally closed on a Friday, and this can extend to Saturday in some countries.

AT THE SHOPS

Where's...?	أين...؟	
	ayn...	
the antiques store	محل الأنتيكات	
	maHal al-anteekaat	
the bakery	المخبز	
	al-makhbaz	
the bank	البنك	
	al-bank	
the bookstore	المكتبة	
	al-maktaba	
the camera store	محل الكاميرات	
	maHal al-kaameeraat	
the clothing store	محل الملابس	
	maHal al-malaabis	
the gift shop	محل الهدايا التذكارية	
	maHal al-hadaayaa at-tidhkaareeya	
the health food store	محل الأطعمة الصحية	
	maHal al-aT'imat aS-SiHeeya	
the jeweler	محل المجوهرات	
	maHal al-mujawharaat	
the liquor store [off-licence]	محل المشروبات الكحولية	
	maHal al-mashroobaat al-kuHooleeya	
the market	السوق	
	as-sooq	
the music store	محل الموسيقى	
	maHal al-mooseeqa	
the pastry shop	محل الحلويات	
	maHal al-Hilweeyaat	
the pharmacy [chemist]	الصيدلية	
	aS-Saydleeya	
the produce [grocery] store	محل الخضار	
	maHal al-khuDaar	

the shoe store	محل الأحذية
	maHal al-aHdheeya
the souvenir store	محل الهدايا التذكارية
	maHal al-hadaayaa at-tidhkaareeya
the supermarket	السوبر ماركت
	as-soobar maarkit
the tobacconist	كشك الجرائد
	kushk al-jaraa'id
the toy store	محل ألعاب الأطفال
	maHal al-'aab al-aTfaal

ASK AN ASSISTANT

When do you open/close?	متى تفتحون/تغلقون؟
	mata taftaHoon/taghliqoon
Where's…?	أين…؟
	ayn…
the cashier	المحاسب
	al-muHaasib
the escalator	السلالم الكهربائية
	as-salaalim al-kahrabaa'eeya
the elevator [lift]	المصعد
	al-miS'ad

the fitting room	غرفة القياس	ghurfat al-qeeyaas
the store directory	دليل المحلات التجارية	daleel al-maHalaat at-tijaareeya
Can you help me?	ممكن تساعدني؟	mumkin tusaa'idnee
I'm just looking.	أنا أتفرج فقط.	ana atafarraj faqaT
I'm being helped.	هناك من يساعدني	hunaak man yusaa'idnee
Do you have...?	عندكم...؟	'andakum...
Can you show me...?	ممكن تريني...؟	mumkin tureenee...
Can you ship/wrap it?	ممكن ترسله بالبريد/تلفه؟	mumkin tursilhu bil-bareed/talifhu
How much?	كم سعره؟	kam si'rhu
That's all.	هذا كل شيء.	haadha kul shay

For Souvenirs, see page 116.

YOU MAY HEAR...

ممكن أساعدك؟
mumkin usaa'idak
Can I help you?

لحظة.
laHZa
One moment.

ماذا تريد؟
maadha tureed
What would you like?

أي شيء آخر؟
ay shay aakhar
Anything else?

YOU MAY SEE...

مفتوح	open
مغلق	closed
مغلق لفترة الغذاء	closed for lunch
غرفة القياس	fitting room
المحاسب	cashier
كاش فقط	cash only
تُقبل بطاقات الائتمان	credit cards accepted
أوقات العمل	business hours
مخرج	exit

PERSONAL PREFERENCES

I'd like something... أريد شيء...
ureed shay...

    cheap/expensive رخيص/غالي
rakheeS/ghaalee

    larger/smaller أكبر/أصغر
akbar/aSghar

    nicer أجمل
ajmal

    from this region من هذه المنطقة
min haadhihi il-manTiqa

Around... في حدود...
fee Hudood...

Is it real? هل هو أصلي؟
hal huwa aSlee

Can you show me this/that? ممكن تريني هذا/ذلك؟
mumkin tureenee haadha/dhaalik

YOU MAY HEAR...

كيف ستدفع؟
kayf sa-tadfa'
How are you paying?

تم رفض بطاقتك.
tumma rafaD biTaaqatak
Your credit card has been declined.

هويتك الشخصية من فضلك
haweeyatak ash-shakhSeeya min faDlak
ID please.

لا نقبل بطاقات الائتمان
laa naqbal biTaaqaat al-i'timaan
We don't accept credit cards.

كاش فقط من فضلك
kaash faqaT min faDlak
Cash only, please.

عندكم صرافة/أوراق نقدية من الفئات الصغيرة؟
'andakum Saraafa/awraaq naqdeeya min al-fi'aat aS-Sagheera
Do you have change/small bills [notes]?

PAYING & BARGAINING

How much?	كم سعره؟ *kam si'rhu*
I'll pay...	سأدفع... *sa-adfa'...*
in cash	كاش *kaash*
by credit card	ببطاقة الائتمان *bi-biTaaqat al-i'timaan*
by traveler's check [cheque]	بشيك سياحي *bi-sheek seeyaaHee*
A receipt, please.	إيصال من فضلك *eeSaal min faDlak*
That's too much.	هذا كثير. *haadha katheer*

I'll give you…	…سأعطيك *sa-u'Teek…*
I have only…	…عندي فقط *'andee faqaT…*
Is that your best price?	هذا أحسن سعر عندك؟ *haadha aHsan si'r 'andak*
Can you give me a discount?	ممكن تعمل لي خصم؟ *mumkin ta'mal lee khaSm*

For Numbers, see page 22.

Despite the myriad malls and international stores, that accept cash and credit cards galore, the most interesting items can often be found in local markets سوق *sooq*. These sell everything from perfumes and spices to gold and carpets. You will be expected to bargain as it is part of the culture and indeed the fun, but be careful not to overdo it by making an insulting offer that is too low.

MAKING A COMPLAINT

I'd like…		…أريد *ureed…*
	to exchange this	أن أبدل هذا *an ubaddil haadha*
	a refund	أن أسترد نقودي *an astarid nuqoodee*
	to see the manager	أن أتكلم مع المدير *an atakallam ma' al-mudeer*

SERVICES

Can you recommend...?	ممكن تنصحني بـ...؟ *mumkin tanSaHnee bi-...*	
a barber	حلاق رجالي *Halaaq rijaalee*	
a dry cleaner	محل تنظيف ألبسة *maHal tanZeef albisa*	
a hairstylist	كوافير *koowaafeer*	
a laundromat [launderette]	محل تنظيف ألبسة بخدمة ذاتية *ma-Hal tanZeef albisa bi-khidma dhaateeya*	
a nail salon	صالون تجميل *Saloon tajmeel*	
a spa	سبا *spa*	
a travel agency	مكتب سياحة و سفر *maktab seeyaaHa wa safar*	
Can you...this?	ممكن...هذا؟ *mumkin... haadha*	
alter	تعدل *tu'addil*	

clean	تنظف *tunaZZif*
fix [mend]	تصلح *tuSalliH*
press	تكبس *tikbis*
When will it be ready?	متى يكون جاهز؟ *mata yakoon jaahiz*

HAIR & BEAUTY

I'd like…	أريد… *ureed…*
an appointment for today/tomorrow	موعد لليوم/للغد *maw'id lil-yawm/lil-ghad*
some color/highlights	صبغة/هاي لايت *Sabgha/haay laayt*
my hair styled/blow-dried	تسريحة/سشوار *tasreeHa/sishwaar*
a haircut	قصة شعر *qaSSa sha'r*
a trim	تطريف شعر *taTreef sha'r*
Not too short.	ليس قصير جداً. *laysa qaSeer jiddan*
Shorter here.	أقصر هنا. *aqSar huna*
an eyebrow/bikini wax	شمع للحواجب/البكيني *shama' lil-Hoowaajib/al-bikeenee*
a facial	للوجه *lil-wajah*
a manicure/pedicure	عناية بالأظافر/القدمين *anaaya bil-iZaafir/il-qadameen*
a (sports) massage	تدليك (رياضي) *tadleelak (reeyaaDee)*

Do you offer…?	هل تقدمون…؟
	hal tuqaddamoon…
acupuncture	علاج بالإبر الصينية
	'ilaaj bil-ibar aS-Seeneeya
aromatherapy	علاج بالروائح العطرية
	'ilaaj bir-roowaa'iH al-'aTreeya
oxygen	أكسجين
	uksijeen
a sauna	ساونا
	saawnaa saawnaa
a hamman	حمام تركي
	Hamaam turkee

> Hammans are a popular and traditional way of relaxing and catching up with friends, and of achieving smooth, glowing skin. Rituals vary depending on the venue but they generally combine these key elements: cleansing the skin with black soap (provided on site), relaxing in a warm room (there is sometimes an additional steam room) to open the pores, a session of vigorous exfoliation, and a cold rinse to cleanse the body and close pores. Men and women bathe separately.

ANTIQUES

How old is it?	ما عمره؟
	ma 'umruhu
Do you have anything from the…period?	عندكم أي شيء من العهد…؟
	'andakum ay shay min al-'ahd…
Do I have to fill out any forms?	هل يتوجب ان املأ ايّ أستمارات؟
	hal 'alay laazim amlaa' ay istimaaraat
Is there a certificate of authenticity?	هل هناك شهادة تثبت أنه أصلي؟
	hal hunaak shahaada tuthbit anhu aSlee
Can you ship/wrap it?	ممكن ترسله بالبريد/تلفه؟
	mumkin tursilhu bil-bareed/talifhu

CLOTHING

YOU MAY SEE...

رجالي	men's
نسائي	women's
للأطفال	children's

I'd like...	أريد...
	ureed...
Can I try this on?	ممكن أجرب هذا؟
	mumkin ujarrib haadha
It doesn't fit.	هذا ليس قياسي.
	haadha laysa qeeyaasee
It's too...	هو...جداً.
	huwa... jiddan
big/small	كبير/صغير
	kabeer/Sagheer
short/long	قصير/طويل
	qaSeer/Taweel
tight/loose	ضيق/واسع
	Dayyiq/waasi'
Do you have this in size...?	عندكم قياس...من هذا؟
	andakum qeeyaas... min haadha
Do you have this in a bigger/smaller size?	عندكم قياس أكبر/أصغر من هذا؟
	'andakum qeeyaas akbar/aSghar min haadha

For Numbers, see page 22.

YOU MAY HEAR...

هذا يبدو رائعاً عليك.
haadha yabdoo raa'i'aa 'alayk
هل القياس مناسب؟
hal al-qeeyaas munaasib
ليس عندنا قياسك.
laysa 'andna qeeyaasak

That looks great on you.
How does it fit?

We don't have your size.

COLORS

I'd like something...	أريد شيء...	*ureed shay...*
beige	بيج	*bayj*
black	أسود	*aswad*
blue	أزرق	*azraq*
brown	بني	*bunnee*
green	أخضر	*akhDar*
gray	رمادي	*ramaadee*
orange	برتقالي	*burtuqaalee*
pink	زهري	*zahree*
purple	بنفسجي	*banafsajee*
red	أحمر	*aHmar*

white	أبيض *abyaD*
yellow	أصفر *aSfar*

CLOTHES & ACCESSORIES

abayah	عباية *'abaaya*
a burkha	برقع *burqu'a*
backpack	حقيبة ظهر *Haqeeba Zuhr*
belt	حزام *Hizaam*
a bikini	بيكيني *beekeenee*
blouse	بلوزة *blooza*
bra	حمالة صدر *Hamaala Sadr*
briefs [underpants]	سروال داخلي *sirwaal daakhilee*
burkini	بوركيني *boorkeenee*
coat	معطف *mi'Taf*
dress	فستان *fustaan*
fez	طربوش *Tarboosh*
ghutrah/keffiyeh	غطرة / كوفية *ghuTra/koofeeya*
hat	قبعة *qub'a*

headscarf	إيشارب	*eeshaarib*
hijab	الحجاب	*hijaab*
jacket	جاكيت	*jaakeet*
jeans	بنطلون جينز	*banTaloon jeenz*
niqab	نقاب	*niqaab*
pajamas	بيجامة	*beejaama*
pants [trousers]	بنطلون	*banTaloon*
pantyhose [tights]	كولون	*kooloon*
purse [handbag]	حقيبة يد	*Haqeeba yad*
raincoat	معطف للمطر	*mi'Taf lil-maTar*
robe	جلابية	*jalaabeeya*
scarf	لفاح	*lifaaH*
shirt	قميص	*qameeS*
shorts	شورت	*shoort*
skirt	تنورة	*tanoora*
socks	جرابات	*juraabaat*
suit	طقم	*Taqm*

sunglasses	نظارة شمسية *naZaara shamseeya*
sweater	كنزة صوف *kanza Soof*
swimsuit	مايوه *maayooh*
T-shirt	تي شيرت *tee sheert*
thobe	ثوب *thawb*
tie	كرافيت *krafeet*
underwear	ملابس داخلية *malaabis dakhileeya*

FABRIC

I'd like…	أريد… *ureed…*
cotton	قطن *quTn*
denim	جينز *jeenz*
lace	تخريم *takhreem*
leather	جلد *jild*
linen	كتان *kataan*
silk	حرير *Hareer*
wool	صوف *Soof*
Is it machine washable?	هل يمكن غسله في الغسالة؟ *hal yumkin ghasalhu fee il-ghasaala*

SHOES

I'd like…	…أريد *ureed…*	
high-heels/flats	كعب عالي/زحف *ka'ab 'aalee/zaHf*	
boots	جزمة *jazma*	
loafers	موكاسان *mookaasaan*	
sandals	صندل *Sandal*	
shoes	حذاء *Hidhaa'*	
slippers	شبشب *shibshib*	
sneakers	حذاء رياضة *Hidhaa' reeyaaDa*	
Size…	…قياس *qeeyaas…*	

For Numbers, see page 22.

SIZES

small (S)	صغير	*Sagheer*
medium (M)	متوسط	*mutawassiT*
large (L)	كبير	*kabeer*
extra large (XL)	كبير جداً	*kabeer jiddan*
petite	صغير جداً	*Sagheer jiddan*
plus size	قياسات أكبر	*qiyaasaat akbar*

NEWSAGENT & TOBACCONIST

Do you sell English-language newspapers?	عندكم جرائد بالإنكليزي؟	*'andakum jaraa'id bil-ingleezee*
I'd like…	أريد…	*ureed…*
candy [sweets]	سكاكر	*sakaakir*
chewing gum	علكة	*'ilka*
a chocolate bar	لوح شوكلاتة	*looH shookulaata*
a cigar	سيجار	*seegaar*
a pack/carton of cigarettes	باكيت/كروز سجائر	*baakeet/krooz sijaa'ir*

a lighter	ولاعة *walaa'a*
a magazine	مجلة *majalla*
matches	كبريت *kibreet*
a newspaper	جريدة *jareeda*
a pen	قلم *qalam*
a postcard	كرت بوستال *kart boostaal*
a road/town map of…	خريطة طرق/مدينة… *khareeTa Turuq/madeena…*
stamps	طوابع *tawaabi'*

> Larger newsstands usually carry English-language newspapers and magazines, although they may be more expensive than at home and be a few days old. Censorship is also heavily in effect and any images or text deemed to be offensive or suggestive usually result in the page being removed or the offending part being blacked out with a marker pen. This is commonplace and should be accepted as part of the local culture.

PHOTOGRAPHY

I'd like…camera.	أريد كاميرا… *ureed kaameeraa…*
an automatic	أوتوماتيكية *awtoomaateekeeya*

a digital	دجيتال *dijeetaal*
a disposable	للاستعمال مرة واحدة *lil-isti'maal marra waaHida*
I'd like…	أريد…. *ureed…*
a battery	بطارية *baTaareeya*
digital prints	صور دجيتال *Suwwar dijeetaal*
a memory card	كرت ذاكرة *kart dhaakira*
Can I print digital photos here?	ممكن أطبع صور دجيتال هنا؟ *mumkin aTba' Suwwar dijeetaal huna'*

SOUVENIRS

a book	كتاب *kitaab*
a box of chocolates	علبة شوكلاتة *'ulba shookulaata*
a doll	دمية *dumya*
some jewelry	بعض المجوهرات *ba'aD al-mujawharaat*
a key ring	حمالة مفاتيح *Hamaala mafaateeH*
a postcard	كرت بوستال *kart boostaal*
some pottery	بعض الفخار *ba'aD al-fikhaar*
a T-shirt	تي شيرت *tee sheert*
a toy	لعبة أطفال *lu'bat aTfaal*

traditional coffee pot	دلة قهوة تقليدية	
	dalla qahwa taqleedeeya	
Can I see this/that?	ممكن أشوف هذا/ذلك؟	
	mumkin ashoof haadha/dhaalik	
It's in the window/ display case.	هو في واجهة المحل/الفترينا.	
	huwa fee waajihat al-maHal/al-fitreenaa	
I'd like...	أريد...	
	ureed...	
a battery	بطارية	
	baTaareeya	
a bracelet	سوار	
	siwaar	
a brooch	بروش	
	broosh	
a clock	ساعة حائطية	
	saa'a Haa'iTeeya	
earrings	حلق	
	Halaq	
a necklace	عقد	
	'uqd	
a ring	خاتم	
	khaatim	
a watch	ساعة يد	
	saa'a yad	

118 • ACTIVITIES

I'd like...	...أريد *ureed...*
copper	نحاس *nuHaas*
crystal	كريستال *kreestaal*
diamonds	ألماس *almaas*
white/yellow gold	ذهب أبيض/أصفر *dhahab abyaD/aSfar*
pearls	لؤلؤ *loo'loo'*
pewter	قصدير *qaSdeer*
platinum	بلاتين *blaateen*
sterling silver	فضة *fiDDa*
Is this real?	هل هذا حقيقي؟ *hal haadha Haqeeqee*
Can you engrave it?	ممكن تنقش عليه؟ *mumkin tunqush alayhi*

Souvenirs can be found at the local markets سوق *sooq* and bargaining is the name of the game here. Gold, silver, rugs, traditional coffee pots and ornamental objects are easily found, with competing stalls and shops a few feet from one another.

SPORT & LEISURE

NEED TO KNOW

When's the game/match?	متى اللعبة؟ *mata al-lu'ba*
Where's…?	أين…؟ *ayn…*
the beach	الشاطئ *ash-shaaTee'*
the park	الحديقة العامة *al-Hadeeqat al-'aama*
the pool	المسبح *al-masbaH*
Is it safe to swim here?	هل هذا آمن للسباحة؟ *hal haadha aamin lis-sibaaHa*
Can I rent [hire] golf clubs?	ممكن أستأجر مضارب غولف؟ *mumkin asta'ajir maDaarib golf*
How much per hour?	كم في الساعة؟ *kam fee is-saa'a*
How far is it to…?	كم بعيد…؟ *kam ba'eed…*
Show me on the map, please.	ممكن تريني على الخريطة؟ *mumkin tureenee 'ala al-khareeTa*

WATCHING SPORT

When's…game/match?	متى لعبة…؟ *mata lu'ba…*
the basketball	كرة السلة *kurrat as-silla*
the boxing	الملاكمة *al-mulaakama*

the camel racing	سباق الجمال *sibaaq al-jamaal*	
the falconry	الصيد بالصقور *aS-Sayd biS-Suqoor*	
the golf	الغولف *al-golf*	
the horse racing	سباق الخيل *sibaaq al-khayl*	
When's…game/ match?	متى لعبة…؟ *mata lu'ba…*	
the soccer [football]	كرة القدم *kurrat al-qadam*	
the tennis	التنس *at-tinnis*	
the volleyball	الكرة الطائرة *al-kurrat aT-Taa'ira*	
Who's playing?	من يلعب؟ *man yal'ab*	
Where's the racetrack/ stadium?	أين مضمار السباق/الملعب؟ *ayn miDmaar as-sibaaq/al-mal'ab*	

> ℹ️ Betting is illegal and is regarded as a sin in Islam.

PLAYING SPORT

Where is/are…?	أين…؟ *ayn…*	
the golf course	أرض الغولف *arD al-golf*	
the gym	النادي الرياضي *an-naadee ar-reeyaaDee*	

the park	الحديقة العامة	*al-Hadeeqat al-'aama*
the tennis courts	ملاعب التنس	*malaa'ib at-tinnis*
How much per...?	كم الحساب في...؟	*kam al-Hisaab fee...*
day	اليوم	*al-yawm*
hour	الساعة	*as-saa'a*
game	اللعبة	*al-lu'ba*
round	الجولة	*al-jawla*
Can I rent [hire]...?	ممكن أستأجر...؟	*mumkin asta'ajir...*
clubs	مضارب غولف	*maDaarib golf*
equipment	معدات	*mu'iddaat*
a racket	مضرب	*miDrab*

AT THE BEACH/POOL

Where's the beach/pool?	أين الشاطئ/المسبح؟
	ayn ash-shaaTee'/al-masbaH
Is there…?	هل هناك...؟
	hal hunaak…
a kiddie [paddling] pool	مسبح للأطفال
	masbaH lil-aTfaal
an indoor/outdoor pool	مسبح مسقوف/مكشوف
	masbaH masqoof/makshoof
a lifeguard	منقذ
	munqidh
Is it safe…?	هل هذا آمن لـ...؟
	hal haadha aamin li…
to swim	السباحة
	as-sibaaHa
to dive	الغطس
	al-ghaTs
for children	الأطفال
	al-aTfaal
I'd like to rent [hire]…	أريد أن أستأجر....
	ureed an asta'ajir…
a deck chair	كرسي للشاطئ
	kursee lish-shaaTee'
diving equipment	معدات الغوص
	mu'iddaat lil-ghawS
a jet ski	جت سكي
	jet-ski
a motorboat	زورق
	zawraq
a rowboat	قارب للتجذيف
	qaarib lit-tajdheef
snorkeling equipment	سنوركل
	snorkel

a surfboard	لوح لركوب الأمواج	
	looH li-rukoob al-amwaaj	
a towel	منشفة	
	minshafa	
an umbrella	مظلة	
	maZalla	
water skis	ألواح للتزحلق على الماء	
	alwaaH lit-tazaHluq 'ala al-maa'	
a windsurfer	لوح شراعي	
	looH shiraa'ee	
For…hours.	لمدة…ساعات.	
	li-mudda…saa'aat	

> The Arab world is soccer-crazy and matches are usually held on a Friday. Basketball, volleyball and squash are also popular. Camel racing and falconry are popular in some countries such as the UAE, as well as dune driving and sand boarding. Arab horses are famous the world over, and the desert is a wonderful place to ride in the cooler temperatures of the early mornings and before sunset. Horses and lessons can be arranged by the hour or day.

WINTER SPORTS

YOU MAY SEE...

مصاعد	lifts
مصعد للمتزلجين	drag lift
تليفريك	cable car
مصعد كراسي	chair lift
مبتدئ تماماً	novice
مستوى متوسط	intermediate
خبير	expert
مسار (التزلج) مغلق	trail [piste] closed

A lift pass for a day/ تصريح ركوب ليوم/يومين من فضلك.
two days please. *taSreeH rukoob li-yawm/yawmayn min faDlak*

I'd like to hire... ...أريد استئجار
ureed isti'jaar

    boots حذاء برقبة طويلة
Hadhaa' bi-ruqba Taweela

    a helmet خوذة
khoodha

    poles عصي
'aSee

    skis زلاجات
zalaajaat

    a snowboard لوح تزلج على الجليد
looH tazlaj 'ala al-jaleed

    snowshoes أحذية تزلج
iHdheeya tazlaj

These are too big/ إن مقاسها كبير/صغير للغاية.
small. *inna muqaasihaa kabeer/Sagheer lil-ghaaya*

Are there lessons?	هل توجد دروس تعليمية؟
	hal toojad duroos ta'leemeeya
I'm a beginner.	أنا مبتدئ.
	ana mubtadee
I'm experienced.	لدي خبرة.
	liday khabra
A trail map, please.	خريطة طريق، من فضلك.
	khareeTa Tareeq min faDlak

> Winter sports are limited in most Arab countries due to the desert climate and extreme temperatures experienced almost year-round in many places. Man-made ski centres such as Ski Dubai offer the full package with clothing and equipment hire and natural resorts exist in the Lebanon and Syria.

OUT IN THE COUNTRY

Can I have a map of …, please?	ممكن خريطة لـ…من فضلك؟
	mumkin khareeTa li-…. min faDlak
this region	هذه المنطقة
	haadhihi il-manTaqa
the walking routes	طرق السير
	Turuq as-sayr
the bike routes	طرق الدراجات
	Turuq ad-daraajaat
the trails	الممرات
	al-mamaraat
Is it…?	هل هو…؟
	hal huwa…
easy	سهل
	sahil

difficult	صعب
	sa'b
far	بعيد
	ba'eed
steep	شديد الانحدار
	shadeed al-inHidaar
How far is it to…?	كم بعيد…؟
	kam ba'eed…
Show me on the map, please.	ممكن تريني على الخريطة، من فضلك؟
	mumkin tureenee 'ala al-khareeTa min faDlak
I'm lost.	أنا تهت.
	ana tuhtu
Where's…?	أين…؟
	ayn…
the bridge	الجسر
	al-jisr
the camel farm	مزرعة للإبل
	mazra'a lil-ibil
the cave	الكهف
	al-kahf
the cliff	المنحدر
	al-munHadar
the desert	الصحراء
	aS-SaHraa'
the farm	المزرعة
	al-mazra'a
the hill	التل
	al-till
the lake	البحيرة
	al-buHayra
the mountain	الجبل
	al-jabal
Where's…?	أين…؟
	ayn…

the nature preserve	المحمية الطبيعية *al-maHmeeya aT-Tabee'eeya*
the olive grove	بستان الزيتون *bustaan az-zaytoon*
the overlook [viewpoint]	الإطلالة *al-iTlaala*
the park	الحديقة العامة *al-Hadeeqat al-'aama*
the path	الممر *al-mamar*
the peak	القمة *al-qimma*
the picnic area	منطقة النزهات *manTaqat an-nuzhaat*
the pond	البركة *al-baraka*
the river	النهر *an-nahar*
the sand dunes	الكثبان الرملية *l-kathbaan ar-ramleeya*
the sea	البحر *al-baHr*
the stables	الإسطبلات *al-isTablaat*
the stream	الجدول *al-jadwal*
the valley/wadi	الوادي *al-waadee*

For Asking Directions, see page 63.

TRAVELING WITH CHILDREN

NEED TO KNOW

Is there a discount for kids?	هل هناك خصم للأطفال؟
	hal hunaak khaSm lil-aTfaal
Can you recommend a babysitter?	ممكن تنصحني بمربية أطفال؟
	mumkin tanSaHnee bi-murabeeyat al-aTfaal
Do you have a child's seat/highchair?	عندكم كرسي خاص للأطفال/كرسي عالٍ؟
	'andakum kursee khaaS lil-aTfaal/ kursee 'aalin
Where can I change the baby?	أين أستطيع تغيير حفاظ الطفل؟
	ayn astaTee'u taghyeer HifaaZ aT-Tifl

OUT & ABOUT

Can you recommend something for kids?	ممكن تنصحني بشيء للأطفال؟
	mumkin tan-SaHnee bi-shay lil-aTfaal
Where's…?	أين…؟
	ayn…
the amusement park	مدينة الملاهي
	madeenat al-malaahee
the arcade	قاعة الألعاب
	qaa'at al-al'aab
the kiddie [paddling] pool	مسبح الأطفال
	masbaH al-aTfaal
the park	الحديقة العامة
	al-Hadeeqat al-'aama
the playground	الملعب
	al-mal'ab
the zoo	حديقة الحيوانات
	Hadeeqat al-Hayawaanaat

Are kids allowed?	مسموح دخول الأطفال؟
	masmooH dukhool al-aTfaal
Is it safe for kids?	هل هو آمن للأطفال؟
	hal huwa aamin lil-aTfaal
Is it suitable for… year olds?	هل هو مناسب للأطفال الذين عمرهم… سنوات؟
	hal huwa munaasib lil-aTfaal aladheen 'umruhum…sanawaat

For Numbers, see page 22.

YOU MAY HEAR…

ما أجمله!	How cute!
ma ajmalhu	
ما اسمه/اسمها؟	What's his/her name?
ma ismuhu m/*ismuhaa* f	
ما عمره/عمرها؟	How old is he/she?
ma 'umruhu m/*'umruhaa* f	

BABY ESSENTIALS

Do you have…?	عندكم…؟
	'andakum…
a baby bottle	رضّاعة
	riDaa'a
baby food	طعام أطفال
	Ta'aam aTfaal
baby wipes	محارم للطفل
	maHaarim lil-Tifl
a car seat	مقعد طفل للسيارة
	maq'ad Tifl lis-sayaara
a children's menu/ portion	قائمة طعام/وجبات أصغر للأطفال
	qaa'ima Ta'aam/wajabaat aSghar lil-aTfaal

a child's seat/ highchair	كرسي خاص للأطفال/كرسي عال	
	kursee khaaS lil-aTfaal/kursee 'aalin	
a crib/cot	مهد/سرير أطفال	
	muhd/sareer aTfaal	
diapers [nappies]	حفاظات	
	HifaaZaat	
formula [baby food]	طعام للرضع	
	Ta'aam lir-raDa'	
a pacifier [soother]	لهاية	
	lahaaya	
a playpen	مكان محاط بالشباك للعب	
	makaan muHaaT bish-shubaak lil-la'ab	
a stroller [pushchair]	عربة أطفال	
	'arabat aTfaal	
Can I breastfeed the baby here?	ممكن أرضع الطفل هنا؟	
	mumkin arDa' aT-Tifl huna	
Where can I breastfeed/change the baby?	أين أستطيع أن أرضع/أغير حفاظ الطفل؟	
	ayn astaTee'u an uraDi'a/ ughayer HifaaZaat aT-Tifl	

For Dining with Children, see page 162.

BABYSITTING

Can you recommend a babysitter?
هل يمكنك أن تنصحني بجليسة أطفال؟
hal yumkinak an tanSaHnee bi-jaleesat aTfaal

If you need to contact me, call…
إذا كنت تحتاج إلى الاتصال بي، اتصل على...
idha kunta taHtaaj ila al-ittiSaal bee ittaSil 'ala…

> Children form a central part of family life and nowhere more so than in the Middle East. You will regularly see children at evening meals and in malls with their parents, often until late in the evening.

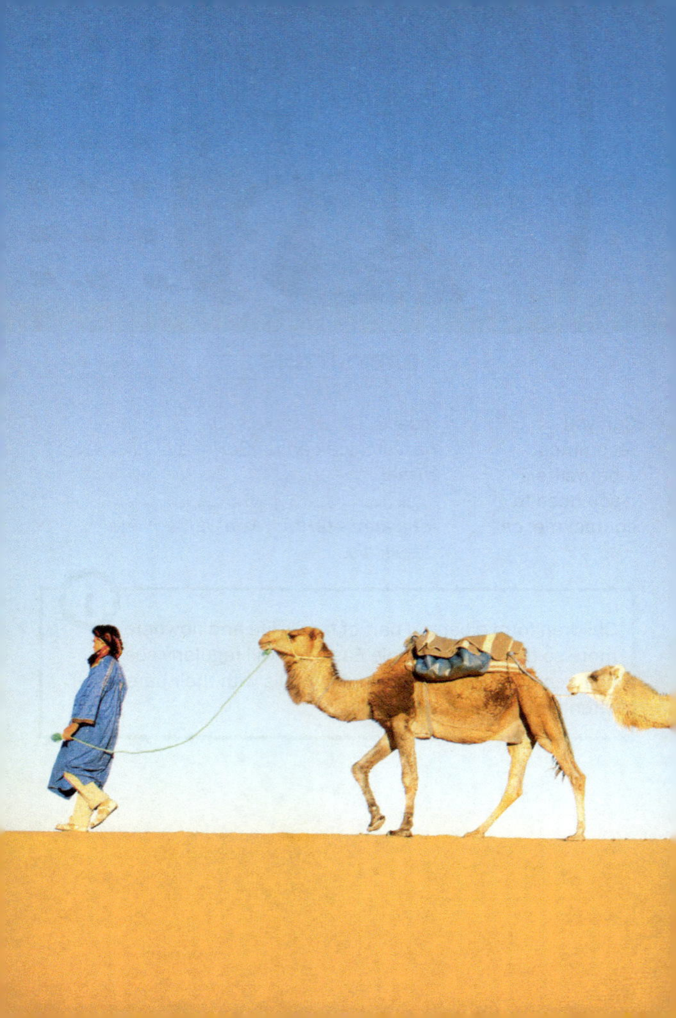

HEALTH & SAFETY

EMERGENCIES	134
POLICE	135
HEALTH	138
PHARMACY	145
DISABLED TRAVELERS	150

EMERGENCIES

NEED TO KNOW

Help!	النجدة!
	al-najda
Go away!	إمشي!
	emshee
Stop, thief!	إمسك حرامي!
	emsik Haraamee
Get a doctor!	اتصل بدكتور!
	ettasil bil-doktoor
Fire!	حريق!
	Hareeq
I'm lost.	أنا تهت.
	ana tuht
Can you help me?	ممكن تساعدني؟
	mumkin tusaa'idnee

HEALTH & SAFETY • 135

Arab countries operate separate systems for each of their emergency services divisions so emergency numbers will vary depending on the country you are in. Always check this information on arrival or before you travel so you have the details to hand if required.

POLICE

NEED TO KNOW

Call the police!	!اتصل بالشرطة *ettasil bish-shurTa*
Where's the police station?	أين مركز الشرطة؟ *ayn markaz ash-shurTa*
There was an accident/attack.	وقع حادث/اعتداء. *waqa'a Haadith/e'atidaa'*
My child is missing.	طفلي مفقود. *tiflee mafqood*
I need…	…أحتاج إلى *aHtaaj ila…*
an interpreter	مترجم *mutarjim*
to contact my lawyer	الاتصال بمحامي الخاص *al-ettisaal bi-muHaamee al-khaas*
to make a phone call.	إجراء اتصال هاتفي. *ejraa' ettisaal haatifee*
I'm innocent.	أنا بريء/بريئة. *ana baree'* m/*baree'a* f

YOU MAY HEAR...

إملأ هذه الاستمارة.   Fill out this form.
emla' hadhihi al-estimaara

هويتك الشخصية من فضلك.   Your ID, please.
huweeyatak al-shakhseeya min fadlak

متى/أين حصل الحادث؟   When/Where did it happen?
mata/ayna Hasal al-Haadith

ما أوصافه/أوصافها؟   What does he/she look like?
maa ohsaafuhu m/*ohsaafuha* f

CRIME & LOST PROPERTY

I need to report...	أريد تقديم بلاغ عن...	*ureed taqdeem bilaagh 'an...*
a mugging	سلب	*salb*
a rape	اغتصاب	*eghtiSaab*
a theft	سرقة	*sariqa*
I was mugged.	تعرضت إلى السرقة بالإكراه.	*ta'araDtu ila as-sariqa bil-ikraah*
I was robbed.	تعرضت إلى السرقة.	*ta'araDtu ila al-sariqa*
I lost my...	فقدت...	*faqadtu...*
My...was stolen.	سُرقت مني...	*suriqat minee...*
backpack	حقيبة ظهر	*Haqeebat Zahr*
bicycle	دراجة	*darraaja*

camera	كاميرا
	kaameera
(rental [hire]) car	سيارة (مستأجرة)
	sayyaara (musta'ajara)
computer	كومبيوتر
	kambyootir
credit card	بطاقة ائتمان
	biTaaqat al-e'atimaan
jewelry	مجوهرات
	mujawharaat
money	مال
	maal
passport	جواز سفر
	jawaaz safar
purse [handbag]	حقيبة يد
	Haqeebat yad
traveler's checks [cheques]	شيكات سياحية
	sheekaat seeyaaHeeya
wallet	محفظة
	miHfaza
I need a police report.	أحتاج إلى تقرير من الشرطة.
	aHtaaj ila taqreer min ash-shurTa
Where is the British/American/Irish embassy?	أين السفارة البريطانية/الأمريكية/الإيرلندية؟
	ayna as-sifaara al-breeTaaneeya/al-amreekeeya/al-eerlandeeya

138 • HEALTH & SAFETY

> God is frequently invoked in conversation, especially when there is a degree of chance involved. You will frequently hear phrases such as *In-shah allah* (God Willing) and *al-hamdu-li-llah* (thanks be to God), which is even added when something bad happens – the logic here being that it could have been worse potentially and that it is all God's will anyway.

HEALTH

NEED TO KNOW

I'm sick [ill].	أنا مريض/مريضة.
	ana mareed m/*mareeda* f
I need an English-speaking doctor.	أحتاج إلى طبيب يتكلم إنكليزي.
	aHtaaj ila Tabeeb yatakallam engleezee
It hurts here.	يوجد ألم هنا.
	yoojad 'alam huna
I have a stomachache.	معدتي تؤلمني.
	mi'adatee tu'alimunee

FINDING A DOCTOR

Can you recommend a doctor/dentist?	ممكن تنصحني بطبيب/بطبيب أسنان؟
	mumkin tansaHunee bi-Tabeeb/ bi-Tabeeb asnaan
Can the doctor come here?	ممكن أن يأتي الطبيب إلى هنا؟
	mumkin an ya'tee aT-Tabeeb ila huna

HEALTH & SAFETY • 139

I need an English-speaking doctor.	أحتاج إلى طبيب يتكلم إنكليزي. *aHtaaj ila Tabeeb yatakallam engleezee*	
What are the office hours?	ما هي اوقات عمل العيادة؟ *maa hiya mawaa'eed al-'iyaada*	
I'd like an appointment for…	أريد موعد… *oreed moh'id…*	
today	لليوم *lil-yawm*	
tomorrow	للغد *lil-ghad*	
as soon as possible	بأسرع ما يمكن *bi-asra' maa yumkin*	
It's urgent.	إنها حالة مستعجلة. *inahaa Haala musta'ajila*	

SYMPTOMS

I'm…	…أنا *ana*	
bleeding	أنزف *anzif*	
constipated	مصاب/مصابة بإمساك *musaab m musaaba f bi-emsaak*	
dizzy	أشعر بدوار *ash'ur bi-duwaar*	
nauseous	أشعر بغثيان *ash'ur bi-ghasayaan*	
vomiting	أتقيأ *ataqaya'*	
It hurts here.	يوجد ألم هنا. *yoojad 'alam huna*	
I have…	عندي… *'aandee…*	
an allergic reaction	حساسية *Hasaaseeya*	

chest pain	ألم في الصدر	*'alam fiS-Sadr*
cramps	تشنج	*tashannuj*
diarrhea	إسهال	*es-haal*
an earache	ألم في الأذن	*'alam fil-uzn*
a fever	حرارة مرتفعة	*Haraara murtafi'a*
pain	ألم	*'alam*
a rash	طفح جلدي	*tafH jildee*
a sprain	التواء في المفصل	*eltiwaa' fil-mifSal*
some swelling	انتفاخ	*entifaakh*
a sore throat	ألم في الحلق	*'alam fil-Halq*
a stomach ache	ألم في المعدة	*'alam fil-mi'ada*
sunstroke	ضربة شمس	*Darbat shams*

HEALTH & SAFETY • 141

I've been sick [ill] for...days.	أنا مريض منذ...أيام. *ana mareeD munzu...ayaam*	

For Numbers, see page 22.

CONDITIONS

I'm...	...أنا *ana*	
anemic	مصاب/مصابة بفقر الدم *muSaab m/muSaaba f bi-fiqr al-dam*	
asthmatic	مريض/مريضة بالربو *mareeD m/mareeDa f bir-rabw*	
diabetic	مريض/مريضة بالسكري *mareeD m/mareeDa f bis-sukaree*	
I'm epileptic.	مريض/مريضة بالصرع *mareeD m/mareeDa f bil-Sara'*	
I'm allergic to antibiotics/penicillin.	عندي حساسية من المضادات الحيوية/البنسلين. *'andee Hasaaseeya min al-muDaddaat al-Hayaweya/al-penicillin*	
I have...	...عندي *'aandee...*	
arthritis	التهاب مفاصل *eltihaab mafaaSil*	
a heart condition	قصور في القلب *quSoor fil-qalb*	
high/low blood pressure	ضغط الدم مرتفع/منخفض *daght ad-dam murtafi'a/munHafaD*	
I'm on...	...أنا آخذ *ana aakhudh...*	

For Dietary Requirements, see page 160.

YOU MAY HEAR...

مم تشكو؟
mimma tashkoo — What's wrong?

أين يؤلمك؟
ayna yu'limak — Where does it hurt?

هل يؤلمك هنا؟
hal yu'limak huna — Does it hurt here?

هل تأخذ أي دواء؟
hal ta'khud ay dawaa' — Are you on medication?

هل عندك حساسية من أي شيء؟
hal 'andak Hasaaseeya min ay shay — Are you allergic to anything?

افتح فمك.
eftaH famak — Open your mouth.

تنفس بعمق.
tanaffas bi-'umq — Breathe deeply.

أسعل من فضلك.
us'ul min fadlak — Cough, please.

إذهب لرؤية إخصائي.
ezhab li-roo'ya ikhsaa'ee — See a specialist.

إذهب إلى المستشفى.
edh-hab ila al-mustashfa — Go to the hospital.

TREATMENT

Do I need a prescription medicine?
هل أحتاج إلى وصفة طبية/دواء؟
hal aHtaaj ila waSfa Tibbeeya/dawaa'

Can you prescribe a generic drug [unbranded medication]?
ممكن تصف لي دواء بدون علامة تجارية؟
mumkin tasif lee dawaa' bidoon 'alaama tijaareeya

Where can I get it?
أين أحصل عليه؟
ayna aHsul alayh

For Pharmacy, see page 145.

HOSPITAL

Notify my family please.	أخبر عائلتي من فضلك. *akhbir 'aa'ilatee min fadlak*
I'm in pain.	أشعر بألم. *ash'ur bi-'alam*
I need a doctor/nurse.	أحتاج إلى طبيب/ممرض. *aHtaaj ila Tabeeb/mumarriD*
When are hours?	ما هي مواعيد الزيارة؟ *maa hiya mawaa'eed al-ziyaara*
I'm visiting…	أنا هنا لأزور… *ana huna li-azoor…*

DENTIST

I have…	عندي… *'andee…*
a broken tooth	سن مكسور *sin maksoor*
a lost filling	حشوة مفقودة *Hashwa mafqooda*
a toothache	ألم في الأسنان *'alam fil-asnaan*
Can you fix this denture?	ممكن تصلح طقم الأسنان هذا؟ *mumkin tusalliH Taqm al-asnaan hadha*

GYNECOLOGIST

I have cramps/a vaginal infection.	عندي تشنج/التهاب مهبلي. 'andee tashannuj/eltihaab mahbalee
I missed my period.	لم تأت العادة الشهرية lam ta'ti al-'aada al-shahreeya
I'm on the Pill.	آخذ حبوب منع الحمل akhudh Huboob mana' al-Haml
I'm (...months) pregnant.	أنا حامل (في الشهر...). ana Haamil (fish-shahr...)
I'm not pregnant.	أنا لست حامل. ana lastu Haamil
My last period was...	آخر عادة شهرية كانت.... aakhir 'aada shahreeya kaanat...

For Numbers, see page 22.

OPTICIAN

I lost...	فقدت... faqadtu...
a contact lens	عدسة لاصقة 'adasa laaSiqa
my glasses	نظاراتي naZZaaratee
a lens	عدسة 'adasa

PAYMENT & INSURANCE

How much?	كم الحساب؟ kam al-Hisaab
Can I pay by credit card?	ممكن أدفع ببطاقة الائتمان؟ mumkin 'adfa' bi-biTaaqa al-e'timaan

HEALTH & SAFETY • 145

I have insurance.   عندي تأمين.
'andee ta'meen

I need a receipt for my insurance.   ممكن تعطيني إيصال لتأميني الصحي.
mumkin tu'Teenee eeSaal i-ta'ameenee aS-SiHHee

For Money, see page 32.

PHARMACY

NEED TO KNOW

Where's the pharmacy [chemist]?   أين الصيدلية؟
ayna aS-Saydaleeya

What time does it open/close?   متى تفتح/تغلق؟
mata taftaH/taghliq

What would you recommend for…?   بم تنصحني لمعالجة…؟
bi-ma tanSaHunee li-mu'aalajat

How much do I take?   ما هي الجرعة؟
maa hiya al-jur'a

Can you fill [make up] this prescription?   ممكن تكتب لي وصفة طبية؟
mumkin taktub lee waSfa Tibbeeya

I'm allergic to…   أنا أتحسس من…
ana ataHassas min…

WHAT TO TAKE

How much do I take?   ما هي الجرعة؟
maa hiya al-jur'a

How often?   كم مرة؟
kam marra

YOU MAY SEE…

مرة/ثلاث مرات في اليوم	once/three times a day
حبة	tablet
قطرة	drop
ملعقة صغيرة	teaspoon
بعد/قبل/مع الوجبات	after/before/with meals
على معدة فارغة	on an empty stomach
ابتلعه كاملاً	swallow whole
قد يسبب خمول	may cause drowsiness
للاستعمال الخارجي فقط	for external use only
سم	poison

Is it safe for children? هل هو مناسب للأطفال؟
hal huwa munaasib lil-aTfaal

I'm taking… أنا آخذ…
ana aakhudh…

Are there side effects? هل هناك آثار جانبية؟
hal hunaak aathaar jaanibeeya

I need something for… أريد دواء لـ…
oreed dawaa' li…

   a cold الرشح
   ar-rashH

   a cough السعال
   as-su'aal

   diarrhea الإسهال
   al-es-haal

   a headache صداع
   Sudaa'

insect bites	لدغات الحشرات	
	adghaat al-Hasharaat	
motion [travel] sickness	دوار السفر	
	dawaar al-safar	
a sore throat	ألم الحلق	
	'alam al-Halq	
sunburn	الحروق الشمسية	
	al-Hurooq al-shamseeya	
a toothache	ألم في الأسنان	
	alam fil-asnaan	
an upset stomach	عسر الهضم	
	asr al-haDm	

BASIC SUPPLIES

I'd like…	أريد…	
	oreed…	
acetaminophen [paracetamol]	سيتامول	
	sitamol	
aftershave	عطر بعد الحلاقة	
	uTr ba'd al-Halaaqa	
antiseptic cream	كريم مطهر	
	kreem muT-hir	

HEALTH & SAFETY

aspirin	أسبرين *asbireen*
Band-Aid [plasters]	شريط طبي [بلاستر] *shareeT Tibbee [blaastir]*
bandages	ضمادات *Damaadaat*
a comb	مشط *mishT*
condoms	واقيات ذكرية *waaqiyaat dhakareeya*
contact lens solution	محلول للعدسات اللاصقة *maHlool lil-'adasaat al-laaSiqa*
deodorant	مزيل الرائحة *muzeel ar-raa'iHa*
a hairbrush	فرشاة الشعر *furshaat al-sha'ar*
ibuprofen	إيبوبروفين *ibuprofen*
insect repellent	مادة طاردة للحشرات *maadda taarida lil-Hasharaat*
lotion [moisturizer]	غسول *ghasool*
a nail file	مبرد أظافر *mibrad aZaafir*
a nail clippers	مقص أظافر *miqaSS aZaafir*
a (disposable) razor	موس الحلاقة (للاستعمال مرة واحدة) *moos al-Hilaaqa (lil-esti'maal marra waaHeda)*
razor blades	شفرات الحلاقة *shafaraat al-Hilaaqa*
sanitary napkins	فوط نسائية *fuwaT nisaa'eeya*
scissors	مقص *miqaSS*

HEALTH & SAFETY • 149

shampoo/ conditioner	شامبو/بلسم *shampoo/balsam*
soap	صابون *Saaboon*
sunscreen	واقي الشمس *waaqee al-shams*
tampons	سدادات قطنية للسيدات *sadadaat quTneeya lil-sayyidaat*
tissues	مناديل ورقية *manaadeel waraqeeya*
toilet paper	ورق تواليت *waraq toowaaleet*
toothpaste	معجون أسنان *ma'joon asnaan*

For Baby Essentials, see page 129.

CHILD HEALTH & EMERGENCY

Can you recommend a pediatrician?	ممكن تنصحني بطبيب أطفال؟ *mumkin tanSaHnee bi-Tabeeb aTfaal*
My child is allergic to...	طفلي يتحسس من... *Tiflee yataHasas min...*
My child is missing.	طفلي مفقود. *Tiflee mafqood*
Have you seen a boy/girl?	هل رأيت صبي/بنت؟ *hal ra'eeta Sabee/bint*

For Police, see page 135.

DISABLED TRAVELERS

NEED TO KNOW

Is there…?	هل هناك…؟	
	hal hunaak…	
access for the disabled	مدخل مناسب للمعاقين	
	madkhal munaasib lil-mu'aaqeen	
a wheelchair ramp	منحدر لكرسي المقعدين	
	munHadir li-kursee al-muq'adeen	
a handicapped-[disabled-] accessible toilet	تواليت خاص للمقعدين	
	toowaaleet khaaS lil-muq'adeen	
I need…	أحتاج إلى…	
	aHtaaj…	
assistance	مساعدة	
	musaa'ada	
an elevator [a lift]	مصعد	
	miS'ad	
a ground-floor room	غرفة في الطابق الأرضي	
	ghurfa fee il-Taabiq al-arDee	

ASKING FOR ASSISTANCE

I'm…	أنا…	
	ana…	
disabled	معاق/معاقة	
	mu'aaq m/*mu'aaqa* f	
visually impaired	نظري ضعيف	
	naZaree Da'eef	
deaf	أصم	
	aSamm	

hearing impaired	أواجه صعوبة في السمع	
	awaajih Sa'ooba fee is-sama'	
unable to walk far/ use the stairs	غير قادر/غير قادرة على المشي بعيداً	
	ghayr qaadir m/*ghayr qaadira* f *'ala al-mashee ba'eedan/istikhdaam ad-daraj*	
Please speak louder.	من فضلك ارفع صوتك.	
	min faDlak irfa' Sawtak	
Can I bring my wheelchair?	ممكن أحضر كرسي المقعدين لي؟	
	mumkin aHDur kursee al-muq'adeen lee	
Are guide dogs permitted?	هل كلاب إرشاد العميان مسموحة؟	
	hal kilaab irshaad al-'umyaan masmooHa	
Can you help me?	ممكن تساعدني؟	
	mumkin tusaa'idnee	
Please open/hold the door.	من فضلك افتح/امسك الباب.	
	min faDlak iftaH/imsik al-baab	

For Emergencies, see page 134.

Facilities for disabled people varies greatly from country to country, from more difficult cities such as Cairo with its relative chaos and high curbs, to the more accessible, modern cities such as Dubai. It is advisable to research your destination in advance.

۵/۵

FOOD & DRINK

EATING OUT	**154**
MEALS & COOKING	**164**
DRINKS	**181**
ON THE MENU	**186**

EATING OUT

NEED TO KNOW

Can you recommend a good restaurant/bar?	هل تنصحني بمطعم/ببار جيد؟ *hal tanSaH-nee bi-maT'am/ bi-baar jayyid*
Is there a traditional/inexpensive restaurant nearby?	هل هناك مطعم تقليدي/غير مكلف بالقرب من هنا؟ *hal hunaak maT'am taqleedee/ ghayr muklif bil-qurb min huna*
A table for..., please.	طاولة لـ...من فضلك. *Taawila li-...min faDlak*
Can we sit...?	ممكن نجلس...؟ *mumkin najlis...*
here/there	هنا/هناك *huna/hunaak*
outside	في الخارج *fee il-khaarij*
in a non-smoking area	حيث التدخين ممنوع *Hayth at-tadkheen mamnoo'*
I'm waiting for someone.	أنا أنتظر أحداً. *ana antaZir aHadan*
Where's the restroom [toilet]?	أين التواليت؟ *ayn at-toowaaleet*
A menu, please.	قائمة الطعام من فضلك. *qaa'imat at-Ta'aam min faDlak*
What do you recommend?	بم تنصحني؟ *bi-ma tanSaHnee*
I'd like...	أريد.... *ureed...*

Some more…, please.	المزيد من…من فضلك. *al-mazeed min…min faDlak*
Enjoy your meal!	صحة! *SiHHa*
The check [bill], please.	الحساب من فضلك. *al-Hisaab min faDlak*
Is service included?	هل أجرة الخدمة محسوبة؟ *hal ujrat al-khidma maHsooba*
Can I pay by credit card/have a receipt?	ممكن أستخدم بطاقة الائتمان/تعطيني إيصال؟ *mumkin astakhdim biTaaqat al-i'timaan/tu'Teenee eeSaal*
Thank you!	شكراً! *shukran*

Hospitality is taken very seriously in the Middle East. If you are invited out to a meal in a restaurant you would not be expected to pay, nor should you try. If you are invited to a meal in someone's home you should bring a gift. A polite way of refusing is to say دائمة **dayma** or "always", which roughly means "may you always be in a position to provide such a sumptuous meal".

WHERE TO EAT

Can you recommend…?	ممكن تنصحني بـ…؟ *mumkin tanSaHnee bi-…*
a restaurant	مطعم *maT'am*
a bar	بار *baar*
a café	مقهى *maqha*

156 • FOOD & DRINK

a fast food place	مطعم للوجبات السريعة maT'am lil-wajabaat as-saree'a
a snack bar	مطعم للوجبات الخفيفة maT'am lil-wajabaat al-khafeefa
a cheap restaurant	مطعم رخيص maT'am rakheeS
an expensive restaurant	مطعم غالٍ maT'am ghaalin
a bean and falafel stand	محل فول وفلافل maHall fool wa falaafil
a Lebanese restaurant	مطعم لبناني maT'am lubnaanee
a restaurant with a good view	مطعم يطل على منظر جميل maT'am yuTil 'ala munaZir jameel
an authentic/ a non-touristy restaurant	مطعم أصيل/غير مخصص للسياح maT'am aSeel/ghayr mukhaSiS lis-eeyaaH

RESERVATIONS & PREFERENCES

I'd like to reserve a table...	أريد أن أحجز طاولة... ureed an aHjuz Taawila...
for two	لشخصين li-shakhSayn
for this evening	لهذا المساء li-haadha al-masaa'
for tomorrow at...	ليوم غدٍ الساعة... li-yawm ghadin as-saa'a...
A table for two, please.	طاولة لشخصين من فضلك Taawila li-shakhSayn min faDlak
I have a reservation.	لدي حجز. laday Hajiz
My name is...	اسمي... ismee...

FOOD & DRINK • 157

Can we sit…?	ممكن نجلسة؟ *mumkin najlis…*
here/there	هنا/هناك *huna/hunaak*
outside	في الخارج *fee il-khaarij*
in a non smoking area	حيث التدخين ممنوع *Hayth at-tadkheen mamnoo'*
by the window	بالقرب من النافذة. *bil-qurb min an-naafidha*
in the shade	في الظل *fee iZ-Zal*
in the sun	في الشمس *fee ish-shams*
Where are the toilets?	أين التواليت؟ *ayn at-toowaaleet*

YOU MAY HEAR…

عندك حجز؟ *andak Hajz*	Do you have a reservation?
كم شخصا؟ *kam shakhS*	How many?
هل تدخن؟ *hal tudakhin*	Smoking or non-smoking?
جاهز للطلب؟ *jaahiz liT-Talb*	Are you ready (to order)?
ماذا تحب؟ *maadha tuHibb*	What would you like?
أنصحك بـ… *anSaHak bi…*	I recommend…
صحة! *SiHHa*	Enjoy your meal.

HOW TO ORDER

Excuse me, sir/ma'am?	من فضلك، يا سيدي/سيدتي؟ *min faDlak ya sayyidee/sayyidatee*
We're ready (to order).	نحن جاهزون للطلب. *naHnu jaahizoon liT-Talb*
The wine list, please.	قائمة النبيذ من فضلك. *qaa'imat an-nabeedh min faDlak*
I'd like…	أريد... *ureed…*
a bottle of…	زجاجة... *zajaaja…*
a carafe of…	إبريق... *ibreeq…*
a glass of…	كأس... *ka's…*
The menu, please.	قائمة الطعام من فضلك. *qaa'imat aT-Ta'aam min faDlak*
Do you have…?	عندكم...؟ *'andakum…*
a menu in English	قائمة طعام بالإنكليزي *qaa'imat Ta'aam bil-ingleezee*
a fixed-price menu	قائمة طعام مع الأسعار *qaa'imat Ta'aam ma' al-as'aar*
a children's menu	قائمة طعام للأطفال *qaa'imat Ta'aam lil-aTfaal*
What do you recommend?	بم تنصحني؟ *bi-ma tanSaHnee*
What's this?	ما هذا؟ *ma haadha*
What's in it?	مم يتكون هذا؟ *mima yatakawan haadha*
Is it spicy?	هل هو حار؟ *hal huwa Haar*

FOOD & DRINK • 159

Without…, please.	بدون... من فضلك.	
	bi-doon… min faDlak	
It's to go [take away].	سآخذ الوجبة معي.	
	sa-akhudh al-wajba ma'ee	

For Drinks, see page 181.

YOU MAY SEE…

رسم الخدمة	cover charge
سعر محدد	fixed price
قائمة الطعام	menu
طبق اليوم	menu (of the day)
أجرة الخدمة غير محسوبة	service (not) included
أطباق إضافية	side dishes
أطباق خاصة	specials

COOKING METHODS

baked	في الفرن
	fee il-furn
barbecued	مشوي
	mashwee
boiled	مسلوق
	maslooq
braised	مدمس
	mudammas
breaded	مكسي بالخبز
	maksee bil-khubz
creamed	مهروس
	mahroos
diced	مكعبات
	muka'baat

fileted	فيليه	*feelay*
fried	مقلي	*maqlee*
grilled	مشوي	*mashwee*
poached	بوشيه	*booshay*
roasted	محمص	*muHammaS*
sautéed	سوتيه	*sawtay*
smoked	مدخن	*mudakhan*
steamed	على البخار	*'ala al-bukhaar*
stewed	مطهو بالغلي البطيء	*mat-hoo bil-ghalee al-baTee'*
stuffed	محشي	*maHshee*

DIETARY REQUIREMENTS

I'm…	…أنا	*ana…*
diabetic	مريض/مريضة بالسكري	*mareeD* m/*mareeDa* f *bis-sukaree*
lactose intolerant	أتحسس من اللاكتوز	*ataHasas min al-laaktooz*
vegetarian	نباتي/نباتية	*nabaatee* m/*nabaateeya* f
vegan	نباتي/نباتية	*nabaatee* m/*nabaateeya* f
I'm allergic to…	أتحسس منهُ	*ataHasas min…*
I can't eat…	…لا أستطيع أن آكل	*laa astaTee'u an aakul…*

dairy	منتجات الألبان	
	muntajaat al-albaan	
gluten	الغلوتين	
	al-ghlooteen	
nuts	المكسرات	
	al-mukassaraat	
pork	لحم الخنزير	
	laHm al-khanzeer	
shellfish	المأكولات البحرية الصدفية	
	al-ma'akoolaat al-baHreeya aS-Sadafeeya	
spicy foods	الأطعمة الحارة	
	al-aT'imat al-Haara	
wheat	القمح	
	al-qamaH	
Is it halal?	هل هذا الطعام حلال؟	
	hal haadha aT-Ta'aam Halaal	
Do you have…?	هل لديكم…؟	
	hal laydakum…	
skimmed milk	حليب منزوع الدسم	
	Haleeb manzoo' ad-dasm	
whole milk	حليب كامل الدسم	
	Haleeb kaamil ad-dasm	
soya milk	حليب صويا	
	Haleeb Sooyaa	

DINING WITH CHILDREN

Do you have children's portions?	هل لديكم كميات للأطفال؟ *hal ladaykum kameeyaat lil-aTfaal*
A highchair/child's seat, please.	مقعد عال/مقعد للأطفال، من فضلك. *miq'ad 'aalin/miq'ad lil-aTfaal min faDlak*
Where can I feed/change the baby?	أين يمكنني أن أطعم طفلي/أغير حفاظة طفلي؟ *ayn yumkinanee an aT'am Tiflee/ughayyar HafaaZa Tiflee*
Can you warm this?	هل يمكنك أن تقوم بتدفئة هذه؟ *hal yumkinak an taqoom bi-tadfi'a haadhih*

For Traveling with Children, see page 128.

HOW TO COMPLAIN

When will our food be ready?	متى سيكون طعامنا جاهزا؟ *mata sa-yakoon Ta'aamina jaahizan*
We can't wait any longer.	لا نستطيع الانتظار أكثر. *laa nastaTee'u al-intiZaar akthar*
We're leaving.	نحن ذاهبون. *naHnu dhaahiboon*
I didn't order this.	أنا لم أطلب هذا. *ana lam aTlub haadha*
I ordered…	أنا طلبت… *ana Talabtu…*
I can't eat this.	لا أستطيع أن آكل هذا. *la astaTee'u an aakul haadha*
This is too…	هذا… أكثر من اللازم. *haadha…akthar min al-laazim*
cold/hot	بارد/ساخن *baarid/saakhin*
salty/spicy	مالح/حار *maaliH/Haar*

FOOD & DRINK • 163

tough/bland	قاسي/عديم النكهة qaasee/'adeem an-nuk-ha
This isn't clean/fresh.	هذا ليس نظيف/طازج haadha laysa naZeef/Taazij

PAYING

The check [bill], please.	الحساب من فضلك. al-Hisaab min faDlak
Separate checks [bills].	نريد حساب منفصل لكل شخص من فضلك. nureed Hisaab munfaSal li-kul shakhS min faDlak
It's all together.	الحساب يتضمن كل شيء. al-Hisaab yataDaman kul shay
Is service included?	هل يتضمن الحساب أجرة الخدمة؟ hal yataDaman al-Hisaab ujrat al-khidma
What's this amount for?	لم هذا المبلغ؟ lima haadha al-mablagh
I didn't have that. I had…	أنا لم آخذ هذا. أنا أخذت... ana lam aakhudh haadha ana akhudhtu…
Can I have a receipt/an itemized bill?	ممكن تعطيني قائمة مفصلة بالحساب/الوصل؟ ureed ee-Saal/faatoora mufaSala
That was delicious!	كان الطعام لذيذاً! kaan aT-Ta'aam ladheedhan
I've already paid.	لقد دفعت بالفعل. laqad daf'at bil-fi'l

Breakfast الفطور *al-fuToor* is served between 6 and 10 a.m. in most hotels. Lunch الغذاء *al-ghadhaa'* is the main meal of the day, usually eaten between 1 and 3:30 p.m. Dinner العشاء *al-'ashaa'* is usually eaten between 8 and 11 p.m. (or even later) and can be a lighter version of lunch or a snack, such as *fateer* (pancake).

MEALS & COOKING

BREAKFAST

butter	زبدة *zibda*
coffee/tea...	قهوة/شاي... *qahwa/shaay...*
black	بدون حليب *bi-dooni Haleeb*
decaf	بدون كافيين *bi-dooni kaafeen*
with milk	مع حليب *ma' Haleeb*
with sugar	مع سكر *ma' sukkar*
with artificial sweetener	مع مُحلي صناعي *ma' muHlee Sinaa'ee*
cold/hot cereal	كورن فلكس (بارد/ساخن) *koorn fliks (baarid/saakhin)*
cold cuts	لحوم باردة *luHoom baarida*

croissant	كرواسان	
	krowaasaan	
jam/jelly	مربى/مربى بدون قطع فاكهة	
	murabba/murabba bi-dooni qaTa' faakiha	
cheese	جبنة	
	jibna	
…juice	عصير...	
	'aSeer…	
orange	برتقال	
	burtuqaal	
apple	تفاح	
	tufaaH	
grapefruit	ليمون هندي/جريب فروت	
	leemoon hindee/grayb froot	
labneh	لبنة	
	labna	
manakeesh	مناقيش	
	manaaqeesh	
milk	حليب	
	Haleeb	
oatmeal [porridge]	شوفان	
	shoofaan	
granola [muesli]	ميوزلي	
	myoozlee	
muffin	فطيرة حلوى	
	faTeera Hilwa	
…egg	بيضة...	
	bayDa…	
hard/soft boiled	مسلوقة كثيرًا/قليلًا	
	aslooqa katheeran/qaleelan	
fried	مقلية	
	muqleeya	
scrambled	بيض ممزوج	
	bayD mamzooj	

omelette	عجة	*'ijja*
bread	خبز	*khubz*
toast	خبز محمص	*khubz muHammaS*
roll	خبز سمون	*khubz samoon*
beef sausage	سجق	*sujuq*
yogurt	لبن	*laban*
water	ماء	*maa*

> Bread خبز *khubz* is very important to Arabs and is eaten with every meal. In Egyptian Arabic it is often called عيش *'aysh*, which literally means "life". It is considered disrespectful to throw away bread or drop it on the floor. Traditional Arabic bread is round, flat and only slightly leavened.

APPETIZERS

dip made with eggplant [aubergine] and tahini paste	بابا غنوج *baba ghanouj*
Egyptian smoked gray mullet roe	بطارخ *baTaarikh*
dip made of ground chickpeas and sesame paste	حمص *HummuS*
white, soft cheese (similar to feta) mashed with tomatoes and herbs	جبنة بيضاء بالطماطم *jibna bayDaa' biT-TamaaTim*
falafel	فلافل *falaafil*
fried or grilled chopped meat patties	كفتة *kufta*
dip made of sesame paste with olive oil, lemon and cumin, popular in Egypt	طحينة *TaHeena*
vine leaves stuffed with rice and sometimes chopped meat	ورق عنب *waraq 'inab*

> Appetizers مازة *mazza* are an important part of an Arabic meal. A mixture of appetizers is usually placed in the middle of the table and shared by everyone.

SOUP

bean soup	شوربة بقول	
	shoorba buqool	
chicken soup	شوربة دجاج	
	shoorba dajaaj	
tomato soup	شوربة طماطم	
	shoorbat TamaaTim	
vegetable soup	شوربة خضار	
	shoorba khuDaar	
thick Egyptian soup made of finely chopped Jew's mallow leaves (similar to spinach), cooked with meat	ملوخية	
	mulookheeya	
thick soup made from calves' hooves	شوربة كوارع	
	shoorba kawaari	

FISH & SEAFOOD

clam	بطلينوس *baTleenoos*
cod	قد *qud*
crab	سرطان *sarTaan*
halibut	هلبوت *haliboot*
herring	رنكة *ranka*
lobster	كركند *karakand*
octopus	أخطبوط *ukhTubooT*
oyster	محار *maHaar*
salmon	سلمون *salmoon*
sea bass	قاروس *qaaroos*
shrimp	قريدس *quraydis*
sole	سمك موسى *samak moosa*
squid	حبّار *Habbaar*
swordfish	أبو سيف *abu sayf*
trout	تروتة *troota*
tuna	طون *Toon*

MEAT & POULTRY

bacon	لحم خنزير مملح	*laHm khanzeer mumallaH*
beef	لحم بقري	*laHm baqaree*
chicken	لحم دجاج	*laHm dajaaj*
duck	لحم بط	*laHm buT*
ham	جامبون	*jaamboon*
lamb	لحم غنم	*laHm ghanum*
liver	كبد	*kabd*
pork	لحم خنزير	*laHm khanzeer*
rabbit	لحم أرانب	*laHm araanib*
sausage	سجق	*sujuq*
steak	ستيك	*steek*

> The consumption of pork and products made from pork is strictly forbidden in Islam. However, you may find items such as beef sausages as an alternative.

turkey	ديك رومي *deek roomee*
veal	لحم عجل *laHm 'ijl*

VEGETABLES & STAPLES

artichoke	أرضي شوكي *arDi shookee*
asparagus	هليون *halyoon*
avocado	أفكادو *afakaadoo*
beans	بقول *buqool*
broccoli	بركولي *brukoolee*
cabbage	ملفوف *malfoof*
carrot	جزر *jizr*
chickpea	حمص *HummuS*
corn	ذرة *dhurra*
couscous	كسكس *kuskus*
cracked wheat	تبولة *taboola*

172 • FOOD & DRINK

eggplant [aubergine]	باذنجان *baadhinjaan*
garlic	ثوم *thoom*
green bean	فاصوليا *faaSoolyaa*
Jew's mallow (herb)	ملوخية *mulookheeya*
lentils	عدس *'ads*
lettuce	خس *khas*
mushroom	فطر *fiTr*
okra [ladies' fingers]	بامية *baamya*
olive	زيتون *zaytoon*
onion	بصل *baSal*
pasta	معجنات *mu'janaat*
pea	بازلاء *baazilaa'*
pickled vegetables	طرشي *Turshee*
potato	بطاطس *baTaaTis*
radish	فجل *fajl*
rice	رز *ruz*
red/green pepper	فليفلة حمراء/خضراء *fulayfila Hamraa'/khaDraa'*
tomato	طماطم *TamaaTim*

spinach	سبانخ	*sabaanikh*
squash	يقطين	*yaqTeen*
tabbouleh (cracked onion, tomato, mint, olive oil and lemon)	تبولة	*taboola*
vegetable	خضار	*khuDaar*
zucchini [courgette]	كوسا	*koosaa*

FRUIT

apple	تفاح	*tufaaH*
apricot	مشمش	*mishmish*
banana	موز	*mooz*
blueberry	عنبية	*anabeeya*
cherry	كرز	*karaz*

174 • FOOD & DRINK

date	تمر	*tamar*
fig	تين	*teen*
fruit	فاكهة	*faakiha*
grape	عنب	*'inab*
grapefruit	ليمون هندي/جريب فروت	*leemoon hindee/grayb froot*
green plum	جانرك	*jaanrak*
guava	جوافة	*guaafa*
lemon	ليمون	*leemoon*
lime	ليم حامض	*laym HaamiD*
melon	شمام	*shamaam*
orange	برتقال	*burtuqaal*
peach	دراق/خوخ	*daraaq/khookh*
pear	إجاص/كمثري	*ijaaS/kumtharee*
pineapple	أناناس	*anaanaas*
plum	خوخ/برقوق	*khookh/barqooq*
raspberry	توت	*toot*
strawberry	فراولة	*faraawala*
watermelon	بطيخ	*baTeekh*

FOOD & DRINK • 175

CHEESE

ackawi   عكاوي
Palestinian, mild   *'akaawee*
and salty semi-hard
cheese made from
cow's milk.

Feta   فتة
usually made from   *feta*
sheep's or goat's
milk and then aged.

Halloumi   حلومي
made from a mixture   *halloumi*
of goat's and sheep's
milk, similar to
mozzarella, it is
great for grilling

jibneh Arabieh   جينة عربية
a mild cheese   *jibnat 'arabeeya*
common in Egypt.

Labneh   لبنة
soft, cream cheese   *laban*
made from
strained yogurt

Nabulsi   نابلسي
semi-hard brined   *naabulsee*
cheese typically
made from sheep's
or goat's milk.
Commonly found in
Palestine. It is the
main ingredient in
qaTaayif pastry.

Shanklish made from sheep's or cow's milk and often shaped into balls. Common to Syria and Lebanon	*shankleesh*	شنكليش
Testouri Egyptian cheese made from goat's or sheep's milk. Typically shaped like an orange.	*tistooree*	تستوري

DESSERT

semolina cake pastries in syrup	*basboosa*	بسبوسة
horn-shaped pastries filled with almonds and flavored with orange-flower water, a specialty of North Africa	*ka'ab al-ghazaal*	كعب الغزال
fried dough balls soaked in syrup	*luqmat al-qaaDee*	لقمة القاضي
rice or corn-flour pudding	*muHallabeeya*	محلبية
pastry filled with nuts & soaked in syrup	*qaTaayif*	قطايف
sweet hot milk pudding with nuts and raisins	*umm 'alee*	أم علي

SAUCES & CONDIMENTS

Salt	ملح *malaH*
Pepper	فلفل أسود *filfil aswad*
Mustard	مستردة *mustarda*
Ketchup	كاتشاب *kaatshaab*

AT THE MARKET

> Measurements in the Arab world are metric and that applies to the weight of food too. If you tend to think in pounds and ounces, it's worth brushing up on what the metric equivalent is before you go shopping for fruit and veg in markets and supermarkets. Five hundred grams, or half a kilo, is a common quantity to order, and that converts to just over a pound (17.65 ounces, to be precise).

Where is…?	اينَ؟ *ayn…*
I'd like some of that/this.	أريد قليلاً من هذا/ذلك. *ureed qaleelan min haadha/dhaalik*
Can I taste it?	ممكن أتذوق هذا؟ *mumkin atadhawaq haadha*
I'd like…	أريد… *ureed…*
– a kilo/half-kilo of…	كيلو/نصف كيلو… *kilo/nusf-kilo…*

YOU MAY HEAR…

بم أساعدك؟
bi-ma usaa'idak — Can I help you?

ماذا تحب؟
maadha tuHibb — What would you like?

هل تريد أي شيء آخر؟
hal tureed ay shay aakhar — Anything else?

هذا…
haadha… — That's…

– a liter of…   ليتر…
liter…

– a piece of…   قطعة…
qiT'at…

– a slice of…   شريحة…
shareeHat…

More./Less.   أكثر/أقل.
akthar/aqal

How much?   كم سعر هذا؟
kam si'r haadha

FOOD & DRINK • 179

YOU MAY SEE…

يفضل الاستهلاك قبل…	best if used by…
حريرات	calories
خال من الدسم	fat free
يحفظ في الثلاجة	keep refrigerated
قد يحتوي على بقايا…	may contain traces of…
مناسب للمايكروويف	microwaveable
صالح لغاية…	sell by…
مناسب للنباتيين	suitable for vegetarians

Where do I pay?	أين أدفع؟
	ayn adfa'
A bag, please.	كيس من فضلك.
	kees min faDlak
I'm being helped.	هناك من يساعدني.
	hunaak man yusaa'idnee

For Money, see page 32.

180 • FOOD & DRINK

IN THE KITCHEN

bottle opener	فتاحة زجاجات	*fataaHa zujajaat*
bowl	زبدية	*zubdeeya*
can opener	فتاحة معلبات	*fataaHa mu'alabaat*
corkscrew	فتاحة نبيذ	*fataaHa nabeedh*
cup	فنجان	*finjaan*
fork	شوكة	*shawka*
frying pan	مقلاة	*miqlaah*
glass	كأس	*ka's*
(steak) knife	سكين (حادة)	*sikeen (Haada)*
measuring cup	فنجان للعيار	*finjaan lil-'ayaar*
measuring spoon	ملعقة للعيار	*mil'aqa lil-'ayaar*
napkin	منديل للمائدة	*mandeel lil-maa'ida*
plate	صحن	*SaHn*
pot	وعاء للطبخ	*wi'aa' liT-Tabkh*
spatula	ملعقة مسطحة	*mil'aqa musaTaHa*
spoon	ملعقة	*mil'aqa*

For Domestic Items, see page 77.

FOOD & DRINK • 181

YOU MAY HEAR...

بمَ أساعدك؟
bi-ma usaa'idak
Can I help you?

ماذا تحب؟
maadha tuHibb
What would you like?

هل تريد أي شيء آخر؟
hal tureed ay shay aakhar
Anything else?

هذا...
That's...

DRINKS

NEED TO KNOW

The wine list/drink menu, please.
قائمة النبيذ/قائمة المشروبات، من فضلك.
qaa'imat an-nabeedh/al-mashroobaat min faDlak

What do you recommend?
بمَ تنصحني؟
bi-ma tanSaHnee

I'd like a bottle/glass of red/white wine.
أريد زجاجة/كأس نبيذ أحمر/أبيض.
ureed zujaaja/ka's nabeedh aHmar/abyaD

The house wine, please.
نبيذ المحل، من فضلك.
nabeedh al-maHal min faDlak

Another bottle/glass, please.
زجاجة أخرى/كأس آخر من فضلك.
zujaajat ukhra/ka's aakhar min faDlak

I'd like a local beer.
أريد بيرة محلية.
ureed beera maHaleeya

182 • FOOD & DRINK

Can I buy you a drink?	هل تحب أن تشرب شيء؟
	hal tuHibb an tashrab shay
Cheers!	صحة!
	SiHHa
A coffee/tea, please.	قهوة/شاي، من فضلك.
	qahwa/shaay min faDlak
Black.	بدون حليب.
	bi-dooni Haleeb
With…	مع…
	ma'…
milk	حليب
	Haleeb
sugar	سكر
	sukkar
artificial sweetener	مُحلي صناعي
	muHlee Sinaa'ee
A…, please.	من فضلك…
	min faDlak…
juice	عصير
	'aSeer
soda	صودا
	Sooda
(sparkling/still) water	مياه (غازية/معدنية)
	miyaah (ghaazeeya/ma'daneeya)
Is the water safe to drink?	هل المياه صالحة للشرب؟
	hal al-miyaah SaaliHa lish-shurb

NON-ALCOHOLIC DRINKS

coffee	قهوة
	qahwa
hot chocolate	شراب الشوكولاتة
	sharaab ash-shookulaata

juice	عصير	*'aSeer*
Lemonade	ليمونادة	*leemoonaada*
milk	حليب	*Haleeb*
soda	صودا	*Sooda*
(iced) tea	(آيس) تي/شاي	*(ays) tee/shaay*
(sparkling/still) water	مياه (غازية/معدنية)	*miyaah (ghaazeeya/ma'daneeya)*
watermelon juice	ليمونادة	*a Seer baTeekh*

Alcohol is strictly forbidden to Muslims under Islamic law, and in Saudi Arabia, it is illegal. However, in other Arab countries it is available in tourist areas and hotels, and in countries such as the United Arab Emirates and Qatar, you can apply for a special licence in order to buy it from an off-licence. Always check the rules in the country you are visiting before you travel so as not to cause offence.

YOU MAY HEAR...

هل يمكنني أن أحصل على مشروب؟ *hal yumkinanee an aHSal 'ala mashroob*	Can I get you a drink?
بالحليب أو السكر؟ *bil-Haleeb aw as-sukar*	With milk or sugar?
مياه فوارة أم عادية؟ *miyaah fuwaara aw 'aadeeya*	Sparkling or still water?

184 • FOOD & DRINK

APÉRITIFS, COCKTAILS & LIQUEURS

brandy	براندي *braandee*
gin	جن *jin*
rum	رَم *rum*
scotch	سكوتش *skootsh*
tequila	تِكِيلا *tikeela*
vodka	فودكا *foodka*
whisky	وسكي *wiskee*

BEER

> Shisha شيشة is widely enjoyed and comes in many different varieties and flavors such as apple, plum, coconut and mint. It is essentially tobacco sweetened with fruit or molasses sugar which gives it a very aromatic smell. It is smoked through an ornamental pipe.

…beer	بيرة *beera*
bottled/draft	زجاجة/حنفية *zujaaja/Hanafeeya*
dark/light	غامقة/فاتحة *ghaamiqa/faatiHa*

lager/pilsener	لاجر/بيلسينر	
	laagir/beelseenar	
local/imported	محلية/مستوردة	
	maHaleeya/mustawrida	
non-alcoholic	بدون كحول	
	bi-dooni kuHool	

> Lebanon and Egypt have a long history of wine and beer production, and local brews are worth sampling. They are usually cheaper than imported brands too. A local specialty of Lebanon and the Levant is عرق *'aaraq*, an aniseed drink similar to Greek *ouzo* or French *pastis*.

WINE

wine	نبيذ	
	nabeedh	
red/white/ rosé	أحمر/أبيض/وردي	
	aHmar/abyaD /wardee	
house/table	المنزل/مائدة	
	al-maHal/maa'ida	
dry/sweet	مز/حلو	
	mizz/Hiloo	

186 • FOOD & DRINK

sparkling	فوار *fawaar*
champagne	شمبانيا *shambaanya*
dessert wine	نبيذ حلو *nabeedh Hiloo*

ON THE MENU

almond	لوز *looz*
apple	تفاح *tufaaH*
apricot	مشمش *mishmish*
apricot juice	عصير مشمش *'aSeer mishmish*
artichoke	أرضي شوكي *arDi shookee*
artificial sweetener	محلي صناعي *muHlee Sinaa'ee*
asparagus	هليون *halyoon*
avocado	أفكادو *afakaadoo*
bacon	لحم خنزير مملح *laHm khanzeer mumallaH*
banana	موز *mooz*
basil	ريحان *reeHaan*
bass	قاروس *qaaroos*
bay leaf	غار *ghaar*

bean soup	شوربة بقول	
	shoorba buqool	
beans	بقول	
	buqool	
beef	لحم بقري	
	laHm baqaree	
beer	بيرة	
	beera	
beet	شمندر/بنجر	
	shamandar/banjar	
blueberry	عنبية	
	'anabeeya	
brain	مخ	
	mukh	
brandy	براندي	
	braandee	
bread	خبز	
	khubz	
breast (of chicken)	صدر الدجاج	
	Sadr (ad-dajaaj)	
broccoli	بركولي	
	brukoolee	
broth	مَرق	
	maraq	
brown (fava) beans	فول	
	fool	
burger	برغر	
	burghur	
butter	زبدة	
	zibda	
buttermilk	لبن	
	laban	
cabbage	ملفوف	
	malfoof	

cake	كعكة	*ka'aka*
camel meat	لحم جمل	*laHm jamal*
candy [sweets]	سكاكر	*sakaakir*
cantaloupe	شمام	*shammaam*
caper	كبر	*kabar*
caramel	كراميل	*karaameel*
caraway	كراوية	*karaaway*
cardamon	حب الهال	*Habb al-haal*
carrot juice	عصير جزر	*'aSeer jazar*
carrot	جزر	*jazar*
cashew	كاجو	*kaajoo*
cauliflower	قرنبيط	*qarnabeeT*

celery	كرفس *karafs*
cereal	كورن فلكس *koorn fliks*
cheese	جبنة *jibna*
cherry	كرز *karaz*
chestnut	كستناء *kastanaa'*
chicken	لحم دجاج *laHm dajaaj*
chicken soup	شوربة دجاج *shoorba dajaaj*
chickpea	حمص *HummuS*
chili	شطة *shaTTa*
chili pepper	فليفلة حارة *fulayfila Haara*
chocolate	شوكولاتة *shookulaata*
chop	قطعة لحم مع العظم *qiT'at laHm ma' al-'aZm*

190 • FOOD & DRINK

chopped meat	لحم مقطع *laHm muqaTTa'*
cilantro [coriander]	كزبرة *kuzbara*
cinnamon	قرفة *qirfa*
clam	بطلينوس *baTleenoos*
clove	قرنفل *qurunfil*
coconut	جوز هند *jooz hind*
cod	قد *qud*
coffee	قهوة *qahwa*
cold cuts	لحوم باردة *luHoom baarida*
cookie [biscuit]	بسكوت *biskoot*
corn	ذرة *dhurra*
corned beef	لحم عجل معلب *laHm 'ajil mu'allab*
cornmeal	دقيق الذرة *daqeeq adh-adhurra*
couscous	كسكس *kuskus*
crab	سرطان البحر *sarTaan al-baHr*
crabmeat	لحم سرطان البحر *laHm sarTaan al-baHr*
cracked wheat	برغل *burghul*

cracker	بسكوت مملح *biskoot mumallaH*
cranberry	توت برّي *toot barree*
cream	قشطة *qishTa*
cream (whipped)	كريمة مخفوقة *kreema makhfooqa*
cream cheese	جبنة للدهن *jibna lid-dahan*
crème caramel	كريم كراميل *kreem karaameel*
croissant	كرواسان *krowaasaan*
cucumber	خيار *khiyaar*
cumin	كمون *kamoon*
curd cheese	لبنة *labna*
curd cheese with olive oil	شنكليش *shankaleesh*
custard	كاسترد *kaastard*
dates	بلح *balaH*
decaf	بدون كافيين *bi-dooni kaafeen*
dessert wine	نبيذ حلو *nabeedh Hiloo*
dill	شبث *shibth*
dried dates	عجوة *'ajwa*

dried melon seeds	بذر بطيخ	*bidhr baTeekh*
drinks	مشروبات	*mashroobaat*
duck	لحم بط	*laHm baTT*
dumpling	زلابية	*zalaabeeya*
eel	أنقليس	*anqalees*
egg	بيضة	*bayDa*
egg white	بياض البيضة	*bayaaD al-bayDa*
egg yolk	صفار البيضة	*Sufaar al-bayDa*
eggplant [aubergine]	باذنجان	*baadhinjaan*
Egyptian bread rings covered in sesame seeds	سميط	*simeeT*
endive [chicory]	هندباء	*hindibaa'*
falafel	فلافل	*falaafil*

fava beans	فول مدمس	
	fool mudammis	
fennel	شمّار	
	shammaar	
feta cheese	جبنة بيضاء	
	jibna bayDaa'	
fig	تين	
	teen	
fish	سمك	
	samak	
French fries [chips]	بطاطس مقلية	
	baTaaTis maqleeya	
fritter	فطيرة مقلية	
	faTeera maqleeya	
fruit	فواكه	
	fawaakih	
fruit salad	سلطة فواكه	
	salaTa fawaakih	
game	لحم طرائد	
	laHm Taraa'id	
garlic	ثوم	
	thoom	
garlic sauce	صلصة الثوم	
	SalSat ath-thoom	

ghee (clarified butter)	سمنة *samna*
gherkin	خيار مخلل *khiyaar mukhallal*
giblet	قلب الطائر *qalb aT-Taa'ir*
gin	جن *jin*
ginger	زنجبيل *zanjabeel*
goat	ماعز *maa'iz*
goat cheese	جبنة ماعز *jibna maa'iz*
goose	أوز *iwaz*
granola [muesli]	ميوزلي *myoozlee*
grapefruit	ليمون هندي/جريب فروت *leemoon hindee/grayb froot*
grapes	عنب *'inab*
green bean	فاصوليا *faaSoolya*
green pepper	فليفلة خضراء *fulayfila khaDraa'*
grilled corn	ذرة مشوية *dhurra mashweeya*
ground beef [mince]	لحمة مفرومة *laHma mafrooma*
guava	جوافة *guaafa*
guava juice	عصير جوافة *'aSeer guaafa*

FOOD & DRINK • 195

haddock	حدوق	*Hadooq*
hake	قد	*qadd*
halibut	هلبوت	*haliboot*
halloumi	حلومي	*halloumi*
ham	جامبون	*jaamboon*
hamburger	همبرغر	*hamburghur*
hazelnut	بندق	*bunduq*
heart	قلب	*qalb*
hen	دجاجة	*dajaaja*
herb	عشبة	*'ashaba*
herring	رنكة	*ranka*
hibiscus tea	كركديه	*karkadayh*
honey	عسل	*'asal*
hot (spicy)	حار	*Haar*
hot dog	هوت دوغ	*hot dog*
hot pepper sauce	صلصة حارة	*SalSa Haara*
ice cream	آيس كريم	*aayis kreem*

ice cubes	مكعبات ثلج	*muka'abaat thalj*
instant coffee	نسكافيه	*niskaafay*
jam	مربى	*murabba*
jelly	مربى بدون قطع فاكهة	*murabba bi-dooni qaTa' faakiha*
juice	عصير	*'aSeer*
kabob	كباب	*kabaab*
ketchup	كتشب	*ketchup*
kid	لحم الجدي	*laHm al-jadee*
kidney	كلية	*kilya*
kiwi	كيوي	*keewee*
kofta (fried or grilled meatballs)	كفتة	*kufta*
lamb	لحم غنم	*laHm ghanum*

leek	كرّاث	*kuraath*
leg	فخذ	*fakhdh*
lemon	ليمون	*leemoon*
lemon juice	عصير ليمون	*'aSeer leemoon*
lemonade	ليموناضة	*leemoonaaDa*
lentils	عدس	*'ads*
lettuce	خس	*khas*
lime	ليم حامض	*laym HaamiD*
liqueur	ليكيور	*leekyoor*
liver	كبد	*kabd*
lobster	كركند	*karakand*
loin	شريحة	*shareeHa*

FOOD & DRINK

macaroni	معكرونة	ma'akroona
mackerel	إسقمري	isqamree
mango	منجا	manga
mango juice	عصير منجا	'aSeer manga
margarine	زبدة نباتية	zibda nabaateeya
marmalade	مربى برتقال	murabba burtuqaal
mashed brown beans	فول	fool
mayonnaise	مايونيز	maayooneez
meat	لحم	laHm
melon	شمام	shamaam
meringue	ميرنغ	meerangh
milk	حليب	Haleeb
milk shake	كوكتيل حليب	kookteel Haleeb
mineral water	مياه معدنية	miyaah ma'daneeya
mint	نعناع	na'naa'
mint tea	شاي بنعناع	shaay bi-na'naa'
muffin	فطيرة حلوى	faTeera Hilwa

mullet	سلطان ابراهيم *sulTaan ibraaheem*
mushroom	فطر *fiTr*
mussel	بلح البحر *balaH al-baHr*
mustard	خردل *khardal*
mutton	لحم الضأن *laHm aD-Daa'n*
noodles	نودلز *noodilz*
nougat	نوغة *noogha*
nutmeg	جوزة الطيب *jawzat aT-Tayyib*
nuts	مكسرات *mukassaraat*
oatmeal	شوفان *shoofaan*
octopus	أخطبوط *ukhTabooT*
okra [ladies' fingers]	بامية *baamya*
okra stewed with lamb knuckles	بامية بالموزة *baamya bil-mawza*
olive	زيتون *zaytoon*
olive oil	زيت زيتون *zayt zaytoon*
omelet	عجة *'ijja*
onion	بصل *baSal*

200 • FOOD & DRINK

orange	برتقال	*burtuqaal*
orange juice	عصير برتقال	*'aSeer burtuqaal*
orange liqueur	ليكيور برتقال	*leekyoor burtuqaal*
oregano	زعتر بري	*za'tar barree*
organ meat [offal]	أحشاء الذبيحة	*aHshaa' adh-dhabeeHa*
oven-browned bread	خبز محمص	*khubz muHammaS*
ox	ثور	*thoor*
oxtail	ذيل الثور	*dhayl ath-thoor*
oyster	محار	*maHaar*
pancake	فطير	*faTeer*
papaya	بابايا	*baabaayaa*
paprika	بابريكا	*baabreekaa*
parsley	بقدونس	*baqdoonis*
parsnip	جزر أبيض	*jazar abyaD*
pasta	معجنات	*mu'ajanaat*
pastry	حلويات	*Halawiyaat*
pâté	باتيه	*baatay*

peach	دراق/خوخ *daraaq/khookh*
peanut	فول سوداني *fool soodaanee*
pear	إجاص/كمثري *ijaaS/kumtharee*
pea	بازلاء *baazilaa'*
pecan	جوز البقان *jooz al-baqaan*
pepper (seasoning)	فلفل *filfil*
pepper (vegetable)	فليفلة *fulayfila*
pheasant	حجل *Hajal*
pickle	مخلل *mukhallal*
pie	فطيرة *faTeera*
pigeon	حمام *Hamaam*
pineapple	أناناس *anaanaas*
pineapple juice	عصير أناناس *'aSeer anaanaas*
pistachio	فستق *fustuq*
pizza	بيتزا *beetzaa*
plum	خوخ *khookh*
pomegranate	رُمان *rumaan*

pork	لحم خنزير	*laHm khanzeer*
port	بورت	*boort*
potato	بطاطس	*baTaaTis*
potato chip [crisp]	شبس	*shibs*
poultry	دواجن	*dawaajin*
prickly pear	تين شوكي	*teen shawkee*
prune	خوخ مجفف	*khookh mujaffaf*
pumpkin	قرع	*qara'*
quail	سُمّاني	*sumaanee*
rabbit	لحم أرانب	*laHm araanib*
radish	فجل	*fajl*
raisin	زبيب	*zabeeb*

raspberry	توت	
	toot	
red cabbage	ملفوف أحمر	
	malfoof aHmar	
red mullet	سمك بوري	
	samak booree	
red pepper	فليفلة حمراء	
	fulayfila Hamraa'	
rhubarb	راوند	
	raawand	
rice	رزّ	
	ruzz	
rice pudding	رز بحليب	
	ruzz bi-Haleeb	
roast beef	لحم عجل مشوي	
	laHm 'ajil mashwee	
roll	خبز سمّون	
	khubz sammoon	
rosemary	إكليل الجبل/حصى البان	
	ikleel al-jabal/Hasaa al-baan	
rum	رم	
	rum	
saffron	زعفران	
	za'fraan	

204 • FOOD & DRINK

sage	مرمية *maryameeya*
salad	سلطة *salaTa*
salami	سلامي *salaamee*
salmon	سلمون *salmoon*
salt	ملح *malH*
sandwich	سندويتش *sandweetsh*
sardine	سردين *sardeen*
sauce	صلصة *SalSa*
sausage	سجق *sujuq*
scallion [spring onion]	بصل أخضر *baSal akhDar*
scallop	أسقلوب *isqaloob*
scotch	سكوتش *skootsh*
sea bass	قاروس *qaaroos*
seafood	مأكولات بحرية *ma'koolaat baHreeya*
semolina	سميد *sameed*
semolina bread (Tunisian)	خبز مبسس *khubz mubassis*
semolina cake	بسبوسة *basboosa*

FOOD & DRINK • 205

sesame paste	معجون السمسم *ma'joon as-simsim*
sesame seed	سمسم *simsim*
shallot	بصل صغير *baSal Sagheer*
shank	أعلى الفخذ *a'ala al-fakhdh*
shellfish	أسماك صدفية *asmaak Sadafeeya*
sherry	شري *shirree*
shish kabob	كباب *kabaab*
shoulder	كتف *katif*
shrimp [prawn]	قريدس *quraydis*
sirloin	خاصرة البقرة *khaaSirat al-baqra*
snack	سناك *snaak*
soda [soft drink]	كازوزا/صودا *kazoozaa/sawdaa*
sole	سمك موسى *samak moosa*
soup	شوربة *shoorba*
sour cream	لبن رائب *laban raa'ib*
soy [soya]	فول الصويا *fool aS-Sooyaa*
soy sauce	صلصة فول الصويا *SalSa fool aS-Sooyaa*

206 • FOOD & DRINK

soybean [soya bean]	فول الصويا *fool aS-Sooyaa*
soymilk [soya milk]	حليب الصويا *Haleeb aS-Sooyaa*
spaghetti	سباجتي *sbaagitee*
spices	توابل *tawaabil*
spinach	سبانخ *sabaanikh*
spirits	مشروبات كحولية *mashroobaat kuHooleeya*
spit-roasted meat	شاورمة *shaawarma*
squash	يقطين *yaqTeen*
squid	حبّار *Habbaar*
steak	ستيك *steek*
strawberry	فراولة *faraawala*
strawberry juice	عصير فريز *'aSeer frayz*
stuffed vine leaves	ورق عنب *waraq 'inab*
sugar	سكر *sukkar*
sugar-cane juice	عصير قصب *'aSeer qaSab*
sweet and sour sauce	صوص حلو وحامض *SooS Hiloo wa-HaamiD*
sweet corn	حبوب الذرة *Huboob adh-dhurra*

sweet hot milk pudding	أم علي	*umm 'alee*
sweet pastry	قطايف	*qaTaayif*
sweet pepper	فليفلة حلوة	*fulayfila Hilwa*
sweet potato	بطاطس حلوة	*baTaaTis Hilwa*
sweetener	محلي صناعي	*muHlee Sinaa'ee*
swordfish	سمك أبو سيف	*samak aboo sayf*
syrup	قطر	*qaTr*
tahini paste	طحينة	*TaHeena*
tamarind juice	عصير تمر هندي	*'aseer tamr hindee*
tangerine	يوسفي	*yoosifee*
tarragon	طرخون	*Tarakhoon*
tea	شاي	*shay*
thyme	زعتر	*za'tar*
toast	خبز محمص	*khubz muHammaS*
tofu	توفو	*toofoo*
tomato	طماطم	*TamaaTim*
tomato soup	شوربة طماطم	*shoorbat TamaaTim*

tongue	لسان	*lisaan*
tonic water	مياه تونيك	*miyaah tooneek*
tripe	كرش	*karish*
trout	تروتة	*troota*
truffles	كمأة	*kamaa'a*
tuna	طون	*Toon*
turkey	ديك رومي	*deek roomee*
turnip	لفت	*lift*
vanilla	فانيلا	*faaneelaa*
veal	لحم عجل	*laHm 'ijl*
vegetable	خضار	*khuDaar*
vegetable soup	شوربة خضار	*shoorba khuDaar*
venison	لحم غزال	*laHm ghazaal*

vermicelli cake	كنافة	*kunaafa*
vine leaves	ورق عنب	*waraq 'inab*
vinegar	خل	*khall*
vodka	فودكا	*foodkaa*
walnut	جوز	*jooz*
water	ماء	*maa'*
watercress	بقلة	*baqla*
watermelon	بطيخ	*baTeekh*
wheat	قمح	*qamH*
whole wheat bread [wholemeal bread]	عيش بلدي	*'aysh baladee*
wine	نبيذ	*nabeedh*
yogurt	لبن	*laban*
zucchini [courgette]	كوسا	*koosaa*

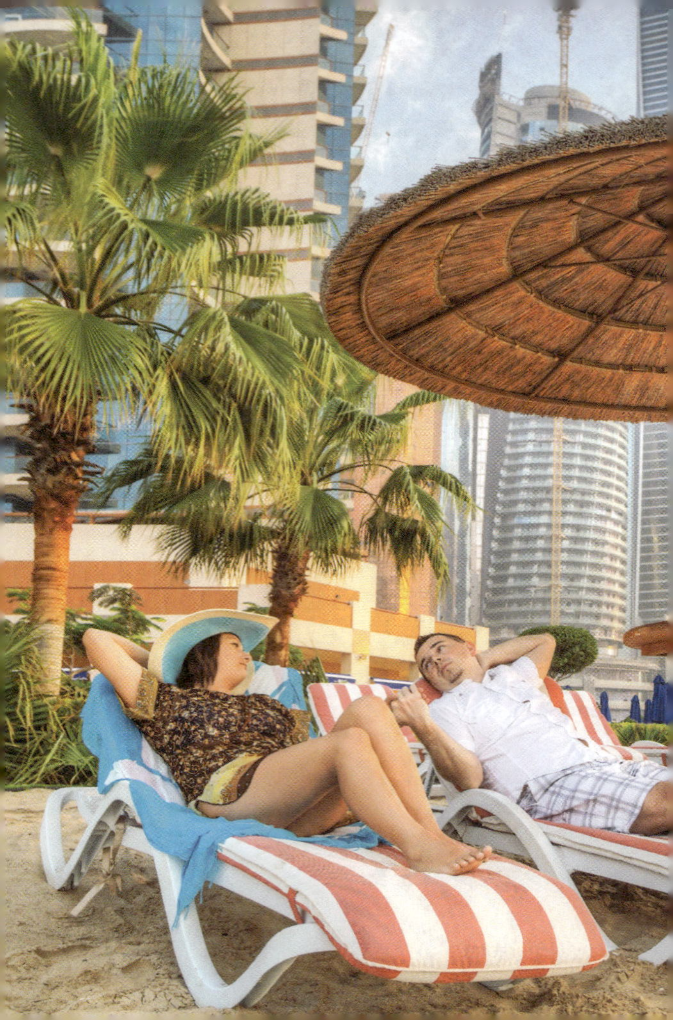

GOING OUT

GOING OUT 212
ROMANCE 216

GOING OUT

NEED TO KNOW

What's there to do at night?	ماذا بمكننا أن نفعل في المساء؟	
	maadha yum-kininaa an naf'al fee il-masaa'	
Do you have a program of events?	عندك برنامج الأنشطة؟	
	'andak barnaamij al-anshiTa	
What's playing tonight?	ماذا يُعرَض الليلة؟	
	maadha yu'arrad al-layla	
Where's…?	أين…؟	
	ayn…	
the downtown area	مركز المدينة	
	markaz al-madeena	
the bar	البار	
	al-baar	
the dance club	النادي الليلي	
	an-naadee al-laylee	
Is there a cover charge?	هل هناك رسم للخدمة؟	
	hal hunaak rasm lil-khidma	

ENTERTAINMENT

Can you recommend…?	ممكن تنصحني بـ…؟	*mumkin tanSaHnee bi…*
a concert	حفلة موسيقية	*Hafla mooseeqeeya*
a movie	فيلم	*feelm*
an opera	عرض أوبرا	*'arD oobira*
a play	مسرحية	*masraHeeya*
When does it start/end?	متى يبدأ/ينتهي؟	*mata yabda'/yantahee*
Where's…?	أين…؟	*ayn…*
the concert hall	قاعة الحفلات الموسيقية	*qaa'at al-Haflaat al-mooseeqeeya*
the opera house	دار الأوبرا	*daar al-oobira*
the theater	المسرح	*al-masraH*
I like…	أنا أحب…	*ana uHibb…*
classical music	الموسيقى الكلاسيكية	*al-mooseeqa al-klaaseekeeya*
folk music	الموسيقى الشعبية	*al-mooseeqa ash-sha'abeeya*
jazz	موسيقى الجاز	*mooseeqa al-jaaz*
pop music	موسيقى البوب	*mooseeqa al-pop*
rap	موسيقى الراب	*mooseeqa ar-rap*

For Tickets, see page 47.

Nightlife will vary greatly depending on the country you are in but most western hotels will have bars and sometimes nightclubs where you can party until all hours. For non-alcoholic activities, you will find locals enjoy spending time in cafes drinking mocktails and juices and coffee, and smoking shisha among friends and family.

YOU MAY HEAR…

أطفئوا هواتفكم النقالة من فضلكم.
aTfa'oo hawaatifkum an-naqaala min faDlikum

Turn off your cell [mobile] phones, please.

NIGHTLIFE

What's there to do at night?	ماذا يمكننا أن نفعل في المساء؟ *maadha yum-kininaa an naf'al fee il-masaa'*
Can you recommend…?	ممكن تنصحني بـ؟ *mumkin tanSaHnee bi…*

a bar	بار	
	baar	
a casino	كازينو	
	kazeenoo	
a dance club	نادي ليلي	
	naadee laylee	
a jazz club	نادي لموسيقى الجاز	
	naadee li-mooseeqa al-jaaz	
a club with Arabic music	نادي ليلي فيه موسيقى عربية	
	naadee laylee feehi mooseeqa 'arabeeya	
Is there live music?	هل هناك حفلة موسيقية؟	
	hal hunaak Hafla mooseeqaya	
How do I get there?	كيف أصل إلى هناك؟	
	kayf aSil ila hunaak	
Is there a cover charge?	هل هناك رسم للخدمة؟	
	hal hunaak rasm lil-khidma	
Let's go dancing.	لنذهب إلى مكان للرقص.	
	li-nadh-hab ila makaan lir-raqS	
Is this area safe at night?	هل هذه المنطقة آمنة أثناء الليل؟	
	hal haadha al-manTaqa aamina athnaa' al-layl	

For The Dating Game, see page 216.

216 • GOING OUT

ROMANCE

NEED TO KNOW

Would you like to go out for a drink/dinner?	هل تريد الذهاب إلى البار/لتناول العشاء؟ *hal tureed adh-dhahaab ila al-baar/li-tanaawul al-'ashaa*
What are your plans for tonight/tomorrow?	ما خطتك لليلة/للغد؟ *ma khuTuTak lil-layla/lil-ghad*
Can I have your (phone) number?	ممكن آخذ رقمك؟ *mumkin aakhudh raqmak*
Can I join you?	ممكن أنضم لك؟ *mumkin anDam lak*
Can I buy you a drink?	هل تحب أن تشرب شيء؟ *hal tuHibb an tashrab shay*
I like you.	أنا معجب بك. *ana mu'ajab m beeki* f أنا معجبة بك. *ana mu'ajaba f beeka* m
I love you.	أنا أحبك. *ana uHibbuki* m أنا أحبك. *ana uHibbuka* f

THE DATING GAME

Would you like to go out...?	هل تريد الخروج...؟ *hal tureed al-khurooj...*
for coffee	لتناول القهوة *li-tanaawil al-qahwa*

GOING OUT • 217

for a drink	لتناول مشروب *li-tanaawil mashroob*	
to dinner	لتناول العشاء *li-tanaawil al-'ashaa'*	
What are your plans for…?	ما خططك لـ…؟ *ma khuTuTak li-…*	
today	اليوم *al-yawm*	
tonight	الليلة *al-layla*	
tomorrow	الغد *al-ghad*	
this weekend	عطلة نهاية الأسبوع *'uTla nihaayat al-usboo'*	
Where would you like to go?	أين تحب أن تذهب؟ *ayn tuHibb an tadh-hab*	
I'd like to go to…	أريد أن أذهب إلى… *ureed an adh-hab ila…*	
Do you like…?	هل تحب…؟ *hal tuHibb…*	
Can I have your phone number/email?	ممكن آخذ رقم تلفونك/عنوانك الالكتروني؟ *mumkin aakhudh raqm tilifoonak/ 'unwaanak al-iliktroonee*	
Are you on Facebook/Twitter?	هل لديك حساب على فيسبوك/تويتر؟ *hal ladayk Hisaab 'ala feesbook/tweetir*	
Can I join you?	ممكن أنضم لك؟ *mumkin anDam lak*	
You're very attractive.	أنت جذاب جداً. *anta jadhaab jiddan*	
Let's go somewhere quieter.	خلينا نذهب إلى مكان أهدأ. *khalaynaa nadh-hab ila makaan ahdaa'*	

For Communications, see page 81.

ACCEPTING & REJECTING

I'd love to.	يسرني ذلك. *yasirnee dhaalik*
Where should we meet?	أين نلتقي؟ *ayn naltaqee*
I'll meet you at the bar/your hotel.	ألاقيك في البار/فندقك. *ulaaqeek fee il-baar/fee funduqik*
I'll come by at…	سآتي في الساعة… *sa-atee fee as-saa'a…*
I'm busy.	أنا مشغول/مشغولة *ana mashghool* m/*mashghoola* f
I'm not interested.	لست مهتما. *lastu muhtamman*
Leave me alone.	أتركني وحدي. *utruknee waHdee*
Stop bothering me!	توقف عن إزعاجي! *tawaqqaf 'an iz'aajee*

For Time, see page 25.

GOING OUT • 219

GETTING INTIMATE

Can I hug/kiss you?	ممكن أعانقك/أبوسك؟
	mumkin u'aaniqak/aboosak
Yes.	نعم. *na'am*
No.	لا. *la*
Stop!	توقف!
	tawaqqaf
I like you.	أنا معجبة بك.
	ana mu'ajaba f beeka m
	أنا معجب بك.
	ana mu'ajab m *beeki* f
I love you.	أنا أحبك.
	ana uHibbuka f
	أنا أحبكِ.
	ana uHibbuki m

SEXUAL PREFERENCES

Are you gay?	هل أنت مثلي جنسياً؟
	hal anta mithlee jinseeyan
I'm…	أنا…
	ana…
heterosexual	مغاير الجنس
	mughaayer al-jins
homosexual	مثلي الجنس
	mithlee al-jins
bisexual	مزدوج الجنس
	muzdawwaj al-jins
Do you like men/women?	هل تحب الرجال/النساء؟
	hal tuHibb ar-rijaal/an-nisaa'

في اضوء نفسي

DICTIONARY

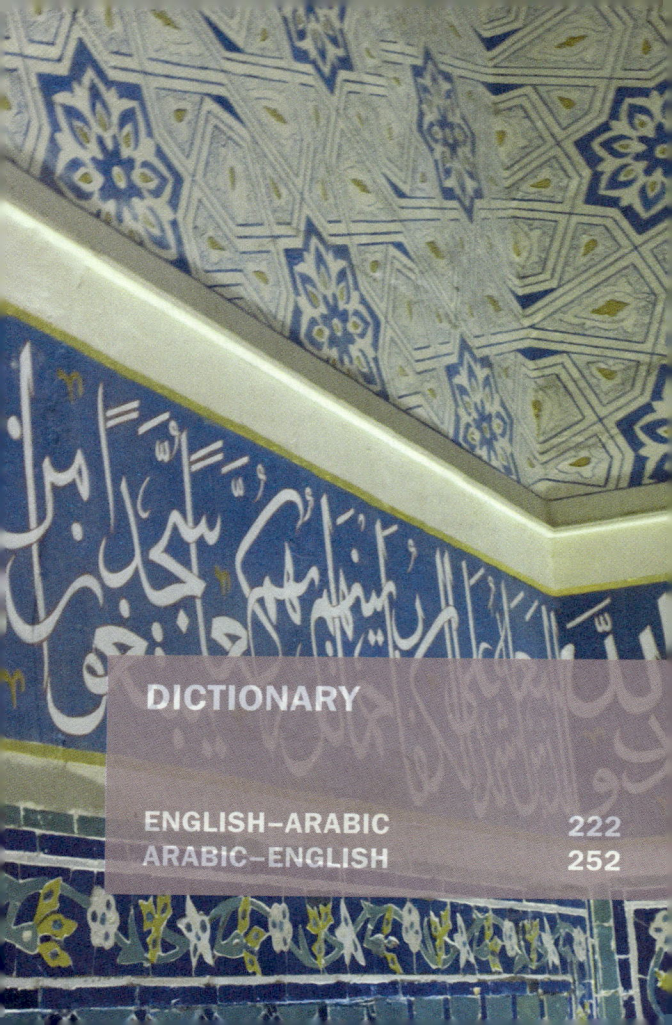

ENGLISH–ARABIC 222
ARABIC–ENGLISH 252

ENGLISH–ARABIC

A

accept يقبل yaqbal
access مدخل madkhal
access v (internet) يدخل yadkhul
accident حادث Haadith
accompany يرافق yuraafiq
account حساب Hisaab
acetaminophen سيتامول seetaamool
acupuncture علاج بالإبر 'ilaaj bil-ibar
adapter محوّل muHawwil
address عنوان 'unwaan
admission (to museum etc) رسم الدخول rasm ad-dukhool
after بعد ba'ad
afternoon بعد الظهر ba'ad aZ-Zuhr
aftershave عطر بعد الحلاقة 'uTr ba'ad al-Halaaqa
age عمر 'umr
agency وكالة wakaala
AIDS أيدز aydz
air conditioner مكيف الهواء mukayyif al-hawaa'
airline خطوط جوية khuTooT jaweeya
airplane طائرة Taa'ira
airport مطار maTaar
air pump منفاخ minfaakh
aisle seat مقعد على الممشى maq'ad 'ala al-mamsha
Algeria الجزائر al-jazaa'ir
Algerian جزائري jazaa'iree
allergic يعاني من الحساسية yu'aanee min al-Hasaaseeya
allowe مسموح masmooH
alone مفرده bi-munfaridih
alter يعدل yu'addil
alternate route طريق آخر Tareeq aakhar
aluminum foil رقائق الألمنيوم raqaa'iq aluminyoom
amazing مدهش mud-hish
ambulance سيارة الإسعاف sayaarat al-is'aaf
American adj أمريكي amreekee
amusement park مدينة الملاهي madeenat al-malaahee

| adj adjective | BE British English | prep preposition |
| adv adverb | n noun | v verb |

anemic مصاب بفقر الدم muSaab bi-fuqr ad-damm
anesthesia تخدير takhdeer
animal حيوان Haywaan
ankle كاحل kaaHil
another آخر aakhar
antibiotics المضادات الحيوية muDadaat al-Hayawaya
antiques store محل الأنتيكات maHal al-anteekaat
antiseptic cream كريم معقم kreem mu'aqim
anything أي شيء ay shay
apartment شقة shiqqa
appendix الزائدة الدودية az-zaa'idat ad-doodeeya
appointment موعد maw'id
Arab (person) عربي 'arabee
Arabic *adj* عربي 'arabee; *n* (language) العربية al-'arabeeya
arcade قاعة الألعاب qaa'at al-al'aab
area code رمز المنطقة ramz al-manTaqa
arm ذراع dhiraa'
aromatherapy علاج أروماتي 'ilaaj aroomaatee
arrivals (airport) الوصول al-wuSool
arrive يصل yaSil
arthritis التهاب مفاصل iltihaab mafaaSil
aspirin أسبرين asbireen

assistance مساعدة musaa'ada
asthmatic مريض بالربو mareeD bir-rabu
ATM الصراف الآلي aS-Saraaf al-aalee
attack (on person) اعتداء i'atidaa'
attraction (sightseeing) المعلم الرئيسية al-ma'allim ar-ra'eeseeya
attractive (person) جذاب jadhaab
Australia أستراليا ustraaleeyaa
Australian أسترالي ustraalee
automatic أوتوماتيكي awtoomaateekee
available غير مشغول ghayr mashghool

B

baby رضيع raDee'
baby bottle رضّاعة riDaa'a
baby food طعام للرضع Ta'aam lir-raDa'
babysitter مربية أطفال murabeeyat aTfaal
baby wipe محارم للطفل maHaarim liT-Tifl
back (of body) ظهر Zuhr
backache ألم في الظهر alam fee iZ-Zuhr
backpack حقيبة ظهر Haqeeba Zuhr
bad رديء radee'

bag كيس *kees*
baggage claim استلام الحقائب *istilaam al-Haqaa'ib*
Bahrain البحرين *al-baHrayn*
Bahraini بحريني *baHraynee*
bakery المخبز *al-makhbaz*
ballet عرض باليه *'arD baalayh*
bandage ضمادات *Damaadaat*
ban بنك *bank*
bar بار *baar*
barber حلاق رجالي *Halaaq rijaalee*
baseball البايسبول *al-baysbool*
basket سلة *silla*
basketball كرة السلة *kurrat as-silla*
bathroom حمام *Hamaam*
battery بطارية *baTaareeya*
be يكون *yakoon*
beach شاطىء *shaaTee'*
beautiful جميل *jameel*
bed سرير *sareer*
before قبل *qabl*
begin يبدأ *yabda'*
beginner مبتدىء *mubtadi'*
behind خلف *khalf*
beige بيج *bayj*
belt حزام *Hizaam*
best الأحسن *al-aHsan*
bet n مراهنة *muraahana*
better أفضل *afDal*
bicycle دراجة *daraaja*
big كبير *kabeer*
bikini wax شمع خط البيكيني *shama' khaT al-beekeenee*

bill n حساب *Hisaab*
bird طير *Tayr*
birthday عيد ميلاد *'eed meelaad*
black أسود *aswad*
bladder مثانة *mathaana*
blanket بطانية *baTaaneeya*
bleed ينزف *yanzif*
blender خلاط *khalaaT*
blood دم *damm*
blood pressure ضغط الدم *DaghuT ad-damm*
blouse بلوزة *blooza*
blue أزرق *azraq*
boarding pass بطاقة صعود *biTaaqat Su'ood*
boat قارب *qaarib*
boat trip رحلة بالقارب *riHla bil-qaarib*
bone عظم *'aZm*
book كتاب *kitaab*
bookstore مكتبة *maktaba*
boot جزمة *jazma*
boring ممل *mumill*
botanical garden حديقة النباتات *Hadeeqat an-nabaataat*
bottle زجاجة *zujaaja*
bottle opener فتاحة زجاجات *fataaHa zujaajaat*
bowl زبدية *zubdeeya*
box علبة *'ulba*
boxing ملاكمة *mulaakama*
boy صبي *Sabee*
boyfriend صاحب *SaaHib*
bra حمالة صدر *Hamaala Sadr*

bracelet سوار *siwaar*
brake فرامل *faraamil*
break (tooth, bone) يكسر *yukassir*
breakdown تعطل *ta'Tul*
breakfast فطور *fuToor*
break-in اقتحام *iqtiHaam*
breast ثدي *thaddee*
breastfeed ترضّع *turaDDi'*
breath يتنفس *yatanaffas*
bridge جسر *jisr*
briefs سروال داخلي *sirwaal daakhilee*
bring يجلب *yajlib*
British adj بريطاني *breeTaanee*
broken مكسور *maksoor*
brooch بروش *broosh*
broom مكنسة *miknasa*
brother أخ *akh*
brown بني *bunnee*
bugs حشرات *Hasharaat*
building مبنى *mabna*
burn n حرق *Harq*
bus باص *baaS*
bus station محطة الباص *maHaTat al-baaS*
bus stop موقف الباص *mawqif al-baaS*
bus ticket تذكرة للباص *tadhkara lil-baaS*
bus tour جولة بالباص *jawla bil-baaS*
business أعمال *a'maal*

business card كرت الأعمال *kart al-a'maal*
business center مركز الأعمال *markaz al-a'maal*
business class درجة الأعمال *darajat al-a'maal*
business hours أوقات العمل *awqaat al-'amal*
busy مشغول *mashghool*
butcher لحام *laHaam*
butter زبدة *zibda*
buttock ردفين *ridfayn*
buy v يشتري *yashtaree*
bye مع السلامة *ma' as-salaama*

C

cabin كابينة *kaabeena*
cafe مقهى *maqha*
call (telephone) يتصل *yattaSil*
call collect كلفة المكالمة على المتصل *kulfat al-mukaalama 'ala al-muttaSil*
calorie حريرات *Hurayraat*
camera كاميرا *kaameeraa*
camera store محل الكاميرات *maHal al-kaameeraat*
camp v يخيم *yukhayyam*
camping stove فرن مخيم *furn mukhayyam*
campsite مخيم *mukhayyam*
Canada كندا *kanadaa*
Canadian كندي *kanadee*
cancel الغي *alghee*
car سيارة *sayaara*

car hire [BE] تأجير السيارات ta'jeer as-sayaaraat
car park [BE] موقف السيارات mawqif as-sayaaraat
car rental تأجير السيارات ta'jeer as-sayaaraat
car seat مقعد سيارة maq'ad sayaara
carafe إبريق ibreeq
card بطاقة biTaaqa
carry-on (piece of hand luggage) حقيبة يد Haqeeba yad
cart (for luggage, shopping) عربة 'araba
carton كرتونة kartoona
cash كاش kaash
cash advance دفعة مسبقة duf'a musabbaqa
cashier محاسب muHaasib
casino كازينو kazeenoo
castle قلعة qal'a
cave كهف kahf
CD سي دي see dee
cell phone هاتف نقال haatif naqaal
Celsius سلسيوس silseeyoos
centimeter سنتمتر centimeter
certificate شهادة shahaada
chair كرسي kursee
change v (baby) يغير حفاظ الطفل yughayir HifaaD aT-Tifl; v (money) يبدل yubaddil; v (travel) يغير yughayir

charcoal فحم faHm
charge v يطلب yaTlub; n (cost) سعر si'r
cheap رخيص rakheeS
check (in restaurant) حساب Hisaab; n (payment) شيك sheek; v يفحص yafHaS; n (luggage) يودع الأمتعة yuwadi' al-amti'a
check-in إجراءات السفر ijra'aat as-safar
checking account حساب الجاري Hisaab al-jaaree
check-out (from hotel) مغادرة الفندق mughaadarat al-funduq
chemical toilet تواليت كيميائي at-toowaaleet al-kimiyaa'ee
chemist [BE] صيدلية Saydleeya
cheque [BE] شيك sheek
chest صدر Sadr
chest pain ألم في الصدر alam fee iS-Sadr
chewing gum علكة 'ilka
child طفل Tifl
children's menu قائمة طعام للأطفال qaa'imat Ta'aam lil-aTfaal
children's portion وجبات أصغر للأطفال wajabaat aSghar lil-aTfaal
child's seat كرسي خاص للأطفال kursee khaaS lil-aTfaal
chopstick عيدان صينية للأكل 'eedaan Seeneeya lil-akul

DICTIONARY • 227

church كنيسة *kaneesa*
cigar سيجار *seegaar*
cigarette سجائر *sijaa'ir*
claim form استمارة مطالبة *istimaara muTaalaba*
class (in school) صف *Saff*
classical music موسيقى كلاسيكية *mooseeqa klaaseekeeya*
clean *adj* نظيف *naZeef*
cleaning supplies مواد تنظيف *mawaad tanZeef*
cliff منحدر *munHadar*
cling film [BE] غلاف نايلون *ghilaaf naayloon*
clock ساعة حائطية *saa'a Haa'iTeeya*
close (near) قريب *qareeb*; *v* يغلق *yaghliq*
closed مغلق *mughlaq*
clothes ملابس *malaabis*
clothing store محل الملابس *maHal al-malaabis*
club نادي *naadee*
coat معطف *mi'Taf*
coffee shop مقهى *maqha*
coin قطعة نقدية *qiT'a naqdeeya*
colander مصفاة *miSfaah*
cold *adj* بارد *baarid*; *n* **(illness)** رشح *rashH*
colleague زميل *zameel*
cologne كولونيا *kooloonyaa*
color صبغة *Sabgha*
comb مشط *mishT*

come يأتي *ya'tee*
complaint شكوى *shakwa*
computer كومبيوتر *kumbyootir*
concert حفلة موسيقية *Hafla mooseeqeeya*
concert hall قاعة الحفلات الموسيقية *qaa'at al-Haflaat al-mooseeqeeya*
conditioner بلسم *balsam*
condom واقي ذكري *waaqee dhikree*
conference مؤتمر *mu'tamar*
confirm يؤكد *yu'akid*
congestion احتقان *iHtiqaan*
connect يتصل *yuttaSil*
connection (travel) تبديل طائرة *tabdeel Taa'ira*; **(internet)** اتصال *ittiSaal*
constipated مصاب بإمساك *muSaab bi-imsaak*
consulate قنصلية *qunSuleeya*
consultant مستشار *mustashaar*
contact *v* يتصل *yuttaSil*
contact lens عدسة لاصقة *'adasa laaSiqa*
contact lens solution محلول للعدسات اللاصقة *maHlool lil-'adasaat al-laaSiqa*
contagious معد *mu'din*
convention hall قاعة المؤتمرات *qaa'at al-mu'tamaraat*
cook *v* يطبخ *yaTbukh*

cooking facilities لوازم طبخ *lawaazim Tabkh*
cooking gas غاز الطبخ *ghaaz aT-Tabkh*
cool (temperature) بارد قليلاً *baarid qaleelan*
copper نحاس *nuHaas*
corkscrew فتاحة النبيذ *fataaHat an-nabeedh*
corner زاوية *zaaweeya*
cost v يكلف *yukalif*
cot سرير قابل للطوي *sareer qaabil liT-Tawwi*; [BE] سرير أطفال *sareer aTfaal*
cotton قطن *quTn*
cough n سعال *su'aal*
country code رمز البلد *ramz al-balad*
cover charge رسم الخدمة *rasm al-khidma*
cramps تشنج *tashannuj*
crash n (in car) حادث اصطدام *Haadith iSTidaam*
cream (ointment) مرهم *marham*
credit ائتمان *i'timaan*
credit card بطاقة ائتمان *biTaaqat al-i'timaan*
crew neck ياقة مدورة *yaaqa mudawwara*
crib سرير أطفال *sareer aTfaal*
crystal كريستال *kreestaal*
cup فنجان *finjaan*
currency عملة *'umla*

currency exchange تبديل العملات *tabdeel al-'umlaat*
currency exchange office مكتب تبديل العملات *maktab tabdeel al-'umlaat*
customs الجمرك *al-jumruk*
customs declaration form تصريح جمركي *taSreeH jumrukee*
cut n جرح *jurH*; v (hair) يقص *yaquSS*
cute جميل *jameel*
cycling ركوب الدراجة *rukoob ad-daraaja*

D

dairy منتجات الألبان *muntajaat al-albaan*
damaged تالف *taalif*
dance v يرقص *yarquS*
dance club نادي للرقص *naadee lir-raqS*
dancing الرقص *ar-raqS*
dangerous خطر *KhaTeer*
dark غامق *ghaamik*
date (on calendar) تاريخ *ta'reekh*
day يوم *yawm*
deaf أصم *aSam*
debit سحب من الحساب الجاري *saHab min al-Hisaab al-jaaree*
deck chair كرسي للشاطئ *kursee lish-shaaTee'*

degrees (temperature) درجات *darajaat*
delay n يتأخر *yata'akhar*
delete v يمحي *yamHi*
delicatessen محل الأطعمة الفاخرة *maHal al-aT'imat al-faakhira*
delicious لذيذ *ladheedh*
denim جينز *jeenz*
dentist طبيب أسنان *Tabeeb asnaan*
deodorant مزيل الرائحة *muzeel ar-raa'iHa*
department store محل تجاري *maHal tijaaree*
departure gate بوابات السفر *bawaabaat as-safar*
departures (airport) مغادرة *mughaadara*
deposit عربون *'arboon*; **(at bank)** إيداع *eedaa'*
desert صحراء *SaHraa'*
detergent منظف *munaZZif*
detour تحويلة *taHweela*
develop (film) تحميض *taHmeeD*
diabetic مريض بالسكري *mareeD bis-sukaree*
dial v يضغط *yiDghuT*
diamond ألماس *al-maas*
diaper حفاظ *HifaaZ*
diarrhea إسهال *is-haal*
diesel ديزل *deezil*
difficult صعب *Su'ub*
digital دجيتال *dijeetaal*
digital camera كاميرا دجيتال *kaameeraa dijeetaa*
digital photo صور دجيتال *Suwwar dijeetaal*
digital print صور دجيتال *Suwwar dijeetaal*
dining room غرفة الطعام *ghurfat aT-Ta'aam*
dinner عشاء *'ashaa'*
direction اتجاه *itijaah*
dirty وسخ *wisikh*
disabled معاق *mu'aaq*
disabled-accessible [BE] مكان مجهز لاستقبال المعاقين *makaan mujahhaz li-istiqbaal al-mu'aaqeen*
disabled toilet [BE] توليت خاص للمعاقين *toowaaleet khaaS lil-mu'aaqeen*
disconnect يقطع الاتصال *yaqTa' al-ittiSaal*
discount تخفيض *takhfeeD*
dish صحن *SaHn*
dishwasher غسالة الصحون *ghasaalat aS-SuHoon*
dishwashing liquid سائل لغسيل الصحون *saa'il li-ghaseel aS-SuHoon*
display case فترينا *fitreenaa*
disposable موس الحلاقة للاستعمال مرة واحدة *moos al-Halaaqa lil-isti'maal marra waaHida*
dive v يغطس *yaghTus*

diving equipment معدات الغوص mu'iddaat lil-ghawS
divorced مطلق muTallaq
dizzy يشعر بدوار yash'ur bi-duwaar
doctor طبيب Tabeeb
doll دمية dumya
dollar دولار doolaar
domestic محلي maHalee
door باب baab
dormitory غرفة نوم ghurfa nawm
double bed سرير مزدوج sareer muzdawwaj
double room غرفة مزدوجة ghurfa muzdawwaja
downtown (direction) باتجاه مركز المدينة bi-ittijah markaz al-madeena
downtown area مركز المدينة markaz al-madeena
dozen دزينة duzeena
dress (woman's) فستان fustaan
dress code لباس مناسب libaas munaasib
drink n مشروب mashroob; v يشرب yashrab
drinks menu قائمة المشروبات qaa'imat al-mashroobaat
drive v يقود yaqood
driver's license رخصة قيادة rukhSa qeeyaada
drop (of liquid) قطرة qaTra
drowsiness خمول khumool
dry cleaner محل تنظيف ألبسة maHal tanZeef albisa
dummy [BE] لهاية lahaaya
during خلال khilaal
duty (customs) رسوم rusoom
duty-free goods بضائع معفية من الضرائب biDaa'i' mu'feeya min aD-Daraa'ib
DVD دي في دي dee fee dee

E

ear أذن udhn
earache ألم في الأذن alam fee il-udhn
early مبكر mubakkir
earrings حلق Halaq
east شرق sharq
easy سهل sahil
eat يأكل ya'kul
economy class درجة سياحية daraja seeyaHeeya
Egypt مصر muSr
Egyptian مصري muSree
elbow مرفق mirfaq
electric outlet مأخذ كهرباء ma'khadh kahrabaa'
elevator مصعد miS'ad
e-mail بريد إلكتروني bareed iliktroonee
e-mail address عنوان إلكتروني 'unwaan iliktroonee
emergency طوارئ Tawaari'
emergency exit مخرج الطوارئ makhraj aT-Tawaari'

DICTIONARY • 231

empty adj فارغ faarigh
enamel (jewelry) خزف khazaf
end v ينتهي yantahee
engaged خاطب khaaTib
English (language)
الانكليزية al-ingleezeeya
engrave ينقش yunqush
enjoy يستمتع yastamata'
enter يدخل yadkhul
entertainment تسلية tasleeya
entrance مدخل madkhal
envelope ظرف Zarf
epileptic مصاب بداء الصرع muSaab bidaa' aS-Sura'
equipment معدات mu'idaat
escalator سلالم كهربائية salaalim kahrabaa'eeya
e-ticket تذكرة الكترونية tadhkarat iliktrooneeya
e-ticket check-in إجراءات السفر للتذاكر الالكترونية ijra'aat as-safar lit-tadhaakir al-iliktrooneeya
evening مساء masaa'
excess luggage وزن أمتعة زائد wazn amti'a zaa'id
exchange v يبدل yubaddil
exchange fee رسم الصرف rasm aS-Sarf
exchange rate سعر الصرف si'r aS-Sarf
excursion رحلة riHla
exhausted منهك munhak

exit v يخرج yakhruj; n خروج khurooj
expensive غالي ghaalee
experienced متمرس mutamarras
express سريع saree'
express bus باص سريع baaS saree'
express train قطار سريع qiTaar saree'
extension رقم فرعي raqm far'ee
extra إضافي iDaafee
extra large كبير جداً kabeer jiddan
extract v **(tooth)** يخلع yakhla'
eye عين 'ayn

F

face وجه wajah
facial n تنظيف الوجه tanZeef al-wajah
family عائلة 'aa'ila
fan (appliance) مروحة marwaHa
far بعيد ba'eed
farm مزرعة mazra'a
far-sighted مصاب بمد النظر muSaab bi-madd an-naZar
fast سريع saree'
fast-food place مطعم للوجبات السريعة maT'am lil-wajabaat as-saree'a

fat free خال من الدسم *khaal min ad-dasm*
father أب *ab*
fax فاكس *faaks*
fax number رقم الفاكس *raqm al-faaks*
fee رسم *rasm*
feed v (baby) يطعم *yuT'im*
ferry معدية *mu'deeya*
fever حرارة مرتفعة *Haraara murtafi'a*
field حقل *Haql*
fill out (form) يملأ *yimlaa*
fill up (tank) يملأ *yimlaa*
filling (in tooth) حشوة *Hashwa*
film (camera) فيلم *feelm*
fine (good) جيد *jayyid*; (for breaking law) مخالفة *mukhaalafa*
finger إصبع *iSba'*
fingernail ظفر *Zifr*
fire حريق *Hareeq*
fire department الإطفاء *al-iTfaa'*
fire door مخرج الحريق *makhraj al-Hareeq*
first أول *awal*
first class درجة أولى *darajat oola*
fit v (clothing) يقيس *yaqees*
fitting room غرفة القياس *ghurfat al-qeeyaas*
fix v يصلح *yuSalliH*
fixed-price سعر محدد *si'r muHaddad*
flashlight فلاش *flaash*

flash photography تصوير بالفلاش *taSweer bil-flaash*
flat (on vehicle) بنشر *bunshur*
flight رحلة جوية *riHla jaweeya*
floor (underfoot) أرض *arD*
florist محل الزهور *maHal az-zuhoor*
flower زهرة *zahra*
folk music الموسيقى الشعبية *al-mooseeqa ash-sha'abeeya*
food طعام *Ta'aam*
food processor فرامة *faraama*
foot قدم *qadam*
football [BE] كرة القدم *kurrat al-qadam*
for لـ *li-*
forecast توقعات الطقس *tawqu'aat aT-Taqs*
forest غابة *ghaaba*
fork شوكة *shawka*
form (to fill in) استمارة *istimaara*
formula (for baby) طعام للرضع *Ta'aam lir-raDa'*
fort حصن *HiSn*
fountain نافورة *naafoora*
free مجاني *majaanee*
freezer فريزر *fireezir*
friend صديق *Sadeeq*
from من *min*
frying pan مقلاة *miqlaah*

full-service خدمة كاملة
  khidma kaamila

G

game لعبة lu'ba
garage جراج garaaj
garbage bag كيس قمامة
  kees qamaama
gas بنزين binzeen
gas station محطة البنزين
  maHaTat al-binzeen
gate (at airport) بوابة
  bawaaba
gel جل jil
generic drug
  دواء بدون علامة تجارية
  dawaa' bidooni 'alaama
  tijaareeya
get off (a train/bus/subway)
  ينزل yanzil
gift هدية hadeeya
gift shop محل الهدايا التذكارية
  maHal al-hadaayaa
  at-tidhkaareeya
girl بنت bint
girlfriend صاحبة SaaHiba
give يعطي ya'Tee
give way [BE] أعط أحقية الطريق
  a'aT aHaqeeyat aT-Tareeq
glass (for drink) كأس ka's;
  (material) زجاج zujaaj
glasses نظارات naZaaraat
go يذهب yadh-hab
gold ذهب dhahab

golf جولف golf
golf club مضارب غولف
  maDaarib golf
golf course أرض الغولف arD
  al-golf
good جيد jayyid
goodbye مع السلامة 'ma
  as-salaama
good afternoon مساء الخير
  masaa' al-khayr
good evening مساء الخير
  masaa' al-khayr
good morning صباح الخير
  SabaaH al-khayr
gram غرام gram
grandchild حفيد Hafeed
grandparent جد jadd
gray رمادي ramaadee
green أخضر akhDar
grocery store محل الخضار
  maHal al-khuDaar
groundcloth حصيرة HaSeera
ground floor الطابق الأرضي
  aT-Taabiq al-arDee
ground-floor room
  غرفة في الطابق الأرضي
  ghurfa fee iT-Taabiq
  al-arDee
groundsheet [BE] حصيرة
  HaSeera
group مجموعة mujmoo'a
guide دليل daleel
guide (book) كتاب عن المكان
  kitaab 'an al-makaan

guide dog كلب إرشاد العميان kalb irshaad al-'umyaan
Gulf (Persian) الخليج العربي al-khaleej al-'arabee
gym جيمنازيوم jeemnaaziyoom
gynecologist طبيب نسائي Tabeeb nisaa'ee

H

hair شعر sha'r
hairbrush فرشاة الشعر furshaat ash-sha'r
haircut قصة شعر qaSSa sha'r
hair dryer مجفف شعر mujaffif sha'r
hair salon صالون كوافير Saaloon koowaafeer
hairspray مثبت الشعر muthabbit ash-sha'r
hairstylist كوافير koowaafeer
half نصف nusf
half-kilo نصف كيلو nusf-kilo
hammer مطرقة miTraqa
hand يد yad
handbag [BE] حقيبة يد Haqeeba yad
hand luggage [BE] حقيبة يد Haqeeba yad
handicapped معاق mu'aaq
handicapped-accessible خاص للمعاقين khaaS lil-mu'aaqeen
happen يحصل yaHSal
happy سعيد sa'eed

hat قبعة qub'a
hay fever حمى القش Hummi il-qash
head رأس ra's
headache صداع Sudaa'
headphones سماعات samaa'aat
health صحة SiHHa
health food store محل الأطعمة الصحية maHal al-aT'imat aS-SiHHeeya
hearing impaired سمعه ضعيف sam'i Da'eef
heart قلب qalb
heart condition قصور في القلب quSoor fee il-qalb
heat الحر al-Hurr
heater سخان sakhaan
heating [BE] تدفئة tadfi'a
hello السلام عليكم as-salaam 'alaykum
helmet خوذة khoodha
help n مساعدة musaa'ada
here هنا huna
hi مرحبا marHaban
high عالي 'aalee
high blood pressure ضغط دم مرتفع DaghuT damm murtafi'
highchair كرسي عالي kursee 'aalin
highlights (in hair) هاي لايت haay laayt
highway الطريق السريع aT-Tareeq as-saree'

hiking boots جزمة مريحة للمشي *jazma mareeHa lil-mashi*
hill تل *till*
hire [BE] يستأجر *yasta'jir*
hire car [BE] سيارة مستأجرة *sayaara musta'jara*
hitchhike طلب توصيل *Talb tawSeel*
hold on (telephone) ينتظر *yantaZir*
holiday [BE] إجازة *ijaaza*
horsetrack طريق للخيول *Tareeq lil-khuyool*
hospital مستشفى *mustashfa*
hostel نزل *nuzul*
hot ساخن *saakhin*; (spicy) حار *Haar*
hotel فندق *funduq*
hour ساعة *saa'a*
house بيت *bayt*
housekeeping services خدمات تنظيف *khidmaat tanZeef*
how كيف *kayf*
how much كم الحساب *kam al-Hisaab*
hug v يعانق *yu'aaniq*
hungry جائع *jaa'i'*
hurt v يؤلم *yu'alim*
husband زوج *zawj*

I

ibuprofen إيبوبروفين *eeboobroofeen*
ice machine ماكينة ثلج *maakeena thalj*
icy يوجد جليد *yoojad jileed*
ID هوية شخصية *haweeya shakhSeeya*
ill [BE] مريض *mareeD*
in في *fee*
include يشمل *yashmal*
indoor pool مسبح مسقوف *masbaH masqoof*
inexpensive غير مكلف *ghayr muklif*
infected ملتهب *multahib*
information معلومات *ma'loomaat*
information desk استعلامات *isti'lamaat*
insect bite لدغة الحشرات *ladghat al-Hasharaat*
insect repellent مادة طاردة للحشرات *maada Taarida lil-Hasharaat*
insert v يدخل *yadkhil*
inside الداخل *ad-daakhil*
insomnia أرق *araq*
instant messenger ماسنجر *maasinjar*
insulin انسولين *insooleen*
insurance تأمين *ta'meen*
insurance card بطاقة تأمين *biTaaqat ta'meen*
insurance company شركة التأمين *shirkat at-ta'meen*
interesting مثير للاهتمام *mutheer lil-ihtimaam*
international دولي *doowalee*

International Student Card بطاقة طالب دولية biTaaqa Taalib doowaleeya
internet إنترنت internet
internet cafe مقهى إنترنت maqha internet
interpreter مترجم mutarjim
intersection ملتقى الطرق multaqee aT-Turuq
intestine أمعاء am'aa'
introduce يقدم yuqaddim
invoice n محاسبة muHaasaba
Iran إيران eeraan
Iranian إيراني eeraanee
Iraq العراق al-'iraaq
Iraqi عراقي 'iraaqee
Ireland أيرلندا eerlandaa
Irish أيرلندي eerlandee
iron (for clothes) مكواة mikwa
Israel إسرائيل israa'eel

J

jacket جاكيت jaakeet
jar مرطبان marTabaan
jaw فك fakk
jazz موسيقى الجاز mooseeqa al-jaaz
jazz club نادي لموسيقى الجاز naadee li-mooseeqa al-jaaz
jeans بنطلون جينز banTaloon jeenz
jet ski جت سكي jet-ski
jeweler محل المجوهرات maHal al-mujawharaat
jewelry مجوهرات mujawharaat
joint (of body) مفصل mifSal
Jordan الأردن al-urdun
Jordanian أردني urdunee

K

key مفتاح miftaaH
key card كرت المفتاح kart al-miftaH
key ring حمالة مفاتيح Hamaalat mafaateeH
kiddie pool مسبح للأطفال masbaH lil-aTfaal
kidney (in body) كلية kulya
kilo كيلو kilo
kilogram كيلوغرام kilogram
kilometer كيلومتر kilometer
kiss v يبوس yaboos
kitchen مطبخ maTbakh
kitchen foil [BE] رقائق المنيوم raqaa'iq aluminyoom
knee ركبة rukba
knife سكين sikeen
Kuwait الكويت al-kuwayt
Kuwaiti كويتي kuwaytee

L

lace تخريم takhreem
lactose intolerant يتحسس من اللاكتوز yataHasas min al-laaktooz
lake بحيرة buHayra
large كبير kabeer
last آخر aakhar

late (time) متأخر muta'akhir
launderette [BE] محل تنظيف ألبسة بخدمة ذاتية maHal tanZeef albisa bi-khidma dhaateeya
laundromat محل تنظيف ألبسة بخدمة ذاتية maHal tanZeef albisa bi-khidma dhaateeya
laundry ملابس للغسيل malaabis lil-ghaseel
laundry facility مغسلة maghsala
laundry service خدمة غسيل ملابس khidma ghaseel malaabis
lawyer محامي muHaamee
leather جلد jild
leave v (deposit) يترك yatruk; (go away) يغادر yughaadir; (airplane) تغادر tughaadir
Lebanese لبناني lubnaanee
Lebanon لبنان lubnaan
left (direction) يسار yasaar
leg ساق saaq
lens عدسة 'adasa
less أقل aqal
lesson درس dars
letter رسالة risaala
library مكتبة maktaba
Libya ليبيا leebeeyaa
Libyan ليبي leebee
life boat قارب النجاة qaarib an-najaa
lifeguard منقذ munqidh
life jacket سترة النجاة sitrat an-najaa

lift [BE] مصعد miS'ad
light فاتح faatiH; n ضوء Daw'; v (cigarette) يشعل yash'al
lightbulb لمبة lamba
lighter ولاعة walaa'a
like v يحب yuHibb
line خط khaT
linen كتان kataan
lip شفة shiffa
liquor store محل المشروبات الكحولية maHal al-mashroobaat al-kuHooleeya
liter ليتر liter
little صغير Sagheer
live v يعيش ya'eesh
live music موسيقى حية mooseeqa Haya
liver (in body) كبد kabd
loafers موكاسان mookaasaan
local محلي maHalee
lock n قفل qifl
lock up يقفل yaqful
locker خزانة khazaana
log off يخرج من الإنترنت yakhruj min al-internet
log on يدخل على الإنترنت yadkhul 'ala al-internet
login دخول dukhool
long طويل Taweel
long-sighted [BE] مصاب بمد النظر muSaab bi-madd an-naZar
look v يشوف yashoof
loose (fit) واسع waasi'

lose (something) يفقد yafqud
lost تائه taa'ih
lost and found الأمتعة المفقودة al-amti'at al-mafqooda
lost property [BE] الأمتعة المفقودة al-amti'at al-mafqooda
lotion غسول ghasool
love n محبة maHabba; v (someone) يحب yuHibb
low منخفض munkhafiD
low blood pressure ضغط دم منخفض DaghuT damm munkhafiD
luggage أمتعة amti'a
luggage cart عربات الأمتعة arabaat al-amti'a
luggage locker خزائن الأمتعة khazaa'in al-amti'a
luggage trolley [BE] عربات الأمتعة 'arabaat al-amti'a
lunch غداء ghadhaa'
lung رئة ri'a
luxury car سيارة فخمة sayaara fakhma

M

magazine مجلة majalla
magnificent جميل جداً jameel jiddan
mail n بريد bareed
mailbox صندوق البريد Sundooq al-bareed
mall مركز تجاري markaz tijaaree
man رجل rajul
manager مدير mudeer
manicure منيكور maneekoor
manual (car) بغيار عادي bi-ghiyar 'aadee
map خريطة khareeTa
market سوق sooq
married متزوج mutazawwij
mass (in church) قداس qudaas
massage مساج masaaj
match (game) لعبة lu'ba
matches كبريت kibreet
meal وجبة wajba
mean v يعني ya'nee
measuring cup فنجان للعيار finjaan lil-'ayaar
measuring spoon ملعقة للعيار mil'aqa lil-'ayaar
mechanic ميكانيكي meekaaneekee
medication دواء dawaa'
medicine دواء dawaa'
medium (size) متوسط mutawassiT
meet v يلتقي yaltaqee
meeting اجتماع ijtimaa'
meeting room قاعة اجتماعات qaa'at ijtimaa'aat
membership card بطاقة عضوية biTaaqa 'uDweeya
memory card كرت ذاكرة kart dhaakira
mend [BE] يصلح yuSalliH
menu قائمة الطعام qaa'imat aT-Ta'aam

menu of the day طبق اليوم Tabaq al-yawm
merge يدخل في السير yadkhul fee is-sayr
message رسالة risaala
microwave مايكرويف meekroowayif
microwaveable مناسب للمايكرويف munaasib lil-meekroowayif
midday [BE] منتصف النهار muntaSif an-nahaar
midnight منتصف الليل muntaSif al-layl
mileage المسافة المقطوعة al-masaafat al-maqToo'a
mini-bar ميني بار meenee baar
minimum age أدنى adna
minute دقيقة daqeeqa
missing مفقود mafqood
mistake خطأ khaTaa'
mobile home بيت متنقل bayt mutanaqqal
mobile phone [BE] هاتف نقال haatif naqaal
moment لحظة laHZa
money مال maal
month شهر shahr
mop ممسحة mimsaHa
moped دراجة بمحرك daraaja bi-muHarrik
more أكثر akthar

morning صباح SabaaH
Moroccan مغربي maghrabee
Morocco المغرب al-maghrib
mosque جامع jaami'
mother أم umm
motion sickness دوار السفر dawaar as-safar
motorboat زورق zawraq
motorcycle دراجة نارية daraaja naareeya
motorway [BE] الطريق السريع aT-Tareeq as-saree'
mountain جبل jabal
mountain bike دراجة جبلية daraaja jabaleeya
mousse (hair) موس moos
mouth فم famm
movie فيلم feelm
movie theater صالة سينما Saala seenimaa
mugging سلب salb
muscle عضلة 'aDla
museum متحف matHaf
music موسيقا mooseeqa
music store محل سيديات maHal al-mooseeqa
Muslim مسلم muslim

N

nail file مبرد للأظافر mibrad lil-aZaafir
nail salon صالون تجميل Saloon tajmeel
name اسم ism

napkin منديل للمائدة
mandeel lil-maa'ida
nappy [BE] حفاضات
HifaaDaat
nationality جنسية *jinseeya*
nature preserve
محمية طبيعية
maHmeeya Tabee'eeya
nauseous يشعر بغثيان
yash'ur bi-ghathayaan
near قريب *qareeb*
near-sighted
مصاب بقصر النظر
muSaab bi-qaSr an-naZar
neck رقبة *ruqba*
necklace عقد *'uqd*
newspaper جريدة *jareeda*
next تالي *taalee*
nice جميل *jameel*
night مساء *masaa'*
nightclub
نادي ليلي
naadee laylee
no لا *la*
non-alcoholic بدون كحول
bi-doonee kuHool
non-smoking لغير المدخنين
li-ghayr al-mudakhineen
noon منتصف النهار
muntaSif an-nahaar
north شمال *shimaal*
nose أنف *anf*
not ليس *laysa*
nothing لا شيء *la shay*
notify يخبر *yukhbir*

now الآن *al-aan*
number رقم *raqm*
nurse ممرض *mumarriD*

O

off (light, TV etc) إيقاف
eeqaaf
office مكتب *maktab*
office hours أوقات العمل
awqaat al-'amal
off-licence [BE]
محل المشروبات الكحولية *maHal al-mashroobaat al-kuHooleeya*
oil زيت *zayt*
OK حسناً *Hasanan*
old قديم *qadeem*
old town المدينة القديمة
al-madeenat al-qadeema
Oman عمان *'omaan*
Omani عماني *'omaanee*
on (light, TV etc) تشغيل
tashgheel
once مرة *marra*
one واحد *waaHid*
one-way ذهاب *dhihaab*
only فقط *faqaT*
open v يفتح *yaftaH;*
adj مفتوح *maftooH*
opposite مقابل *muqaabil*
optician محل نظارات
maHal naZaaraat
orange (color) برتقالي
burtuqaalee

orchestra أوركسترا oorkistraa
order v يطلب yaTlub
outdoor pool مسبح masbaH
outside في الخارج fee il-khaarij
overheated ساخن أكثر من اللازم saakhin akthar min al-laazim
overlook (scenic place) إطلالة iTlaala
overnight طوال الليل Tawaal al-layl
oxygen treatment علاج بالأوكسجين 'ilaaj bil-awksijeen

P

p.m. بعد الظهر ba'ad aZ-Zuhr
pacifier لهاية lahaaya
package صندوق Sundooq
paddling pool [BE] مسبح أطفال masbaH aTfaal
pain ألم alam
pajamas بيجامة beejaama
palace قصر qaSr
Palestine فلسطين filisTeen
Palestinian فلسطيني filisTeenee
pants بنطلون banTaloon
pantyhose كولون kooloon
paper ورق waraq
paper towel مناشف ورقية manaashif warqeeya
paracetamol [BE] سيتامول seetaamool
park n حديقة عامة Hadeeqat 'aama;
v (car) يصف yaSaff
parking موقف mawqif
parking garage موقف جراج mawqif garaaj
parking lot موقف سيارات mawqif sayaaraat
parking meter عداد الموقف 'adaad al-mawqif
part (for car) جزء juz'
part-time دوام جزئي dawaam juz'ee
passenger مسافر musaafir
passport جواز سفر jawaaz safar
passport control مراقبة جوازات السفر muraaqaba jawaazaat as-safar
password كلمة مرور kalima muroor
pastry shop محل حلويات maHal Hilweeyaat
patch يرقع yuraqi'
path ممر mamar
pay v يدفع yadfa'
pay phone هاتف عام haatif 'aam
peak n قمة qimma
pearl لؤلؤ loo'loo'
pedestrian crossing [BE] عبور مشاة 'uboor mushaa
pedestrian crosswalk عبور مشاة 'uboor mushaa
pediatrician طبيب أطفال Tabeeb aTfaal
pedicure بديكور bideekoor

pen قلم qalam
penicillin بنسلين penicillin
penis عضو ذكري 'aDoo dhikree
perfume عطر 'uTr
period (menstruation) عادة شهرية 'aada shahreeya; (of time) مدة mudda
petite صغير جدا Sagheer jiddan
petrol [BE] بنزين binzeen
petrol station [BE] محطة البنزين maHaTat al-binzeen
pewter قصدير qaSdeer
pharmacy صيدلية Saydleeya
phone n تلفون tilifoon; v يتصل yattaSil
phone call اتصال هاتفي ittiSaal haatifee
phone card بطاقة تلفونية biTaaqa tilifooneeya
phone number رقم تلفون raqm tilifoon
photocopy نسخة nuskha
photograph صورة Soora
picnic area منطقة النزهات manTaqat an-nuz-haat
piece قطعة qiT'a
Pill (contraceptive) حبوب منع الحمل Huboob mana' al-Haml
pillow مخدة mikhadda
PIN الرقم السري ar-raqm as-sirree
pink زهري zahree
plan خطة khuTTa
plane طائرة Taa'ira

plastic wrap غلاف نايلون ghilaaf naayloon
plate صحن SaHn
platform رصيف raSeef; (at station) [BE] خط khaT
platinum بلاتين blaateen
play n (in theater) مسرحية masraHeeya; v يلعب yal'ab
playground ملعب mal'ab
playpen مكان محاط بالشباك للعب makaan muHaaT bish-shubaak lil-la'ab
please من فضلك min faDlak
plunger غاطس ghaaTis
point v يشير yusheer
poison سم sam
police الشرطة ash-shurTa
police report تقرير الشرطة taqreer ash-shurTa
police station مركز الشرطة markaz ash-shurTa
pond بركة baraka
pool مسبح masbaH
pop music موسيقى البوب mooseeqa al-pop
post [BE] بريد bareed
postbox [BE] صندوق البريد Sundooq al-bareed
postcard كرت بوستال kart boostaal
post office البريد al-bareed
pot وعاء للطبخ wi'aa' liT-Tabkh
pottery إناء فخاري inaa' fakhaaree

DICTIONARY • 243

pound (weight) رطل raTl;
(sterling) جنيه استرليني gunay istirleenee
pregnant حامل Haamil
prepaid مسبق الدفع musabaq ad-dafa'
prescription وصفة طبية waSfa Tibeeya
press (clothes) يكبس yikbis
price سعر si'r
print v يطبع yaTba'
problem مشكلة mushkila
produce store محل الخضار maHal al-khuDaar
pull v يسحب yis-Hab
purple بنفسجي banafsajee
purse حقيبة يد Haqeeba yad
push v يدفع yadfa'
pushchair [BE] عربة أطفال 'arabat aTfaal
pyjamas [BE] بيجامة beejaama

Q

Qatar قطر qaTar
Qatari قطري qaTaree
quality نوعية naw'eeya
question سؤال su'aal
quiet هادئ haadi'

R

racetrack مضمار السباق miDmaar as-sibaaq
racket (sports) مضرب miDrab

railway station [BE] محطة القطار maHaTat al-qiTaar
rain n مطر maTar
raincoat معطف للمطر mi'Taf lil-maTar
rainy ممطر mumTir
rap (music) موسيقى الراب mooseeqa ar-rap
rape n اغتصاب ightiSaab
rash n طفح جلدي TafH jildee
razor موس الحلاقة moos al-Hilaaqa
razor blade شفرات الحلاقة shafaraat al-Hilaaqa
reach (person) يجد yajid
ready جاهز jaahiz
real أصلي aSlee
receipt إيصال eeSaal
receive v يستقبل yastaqbil
reception استقبال istiqbaal
recharge v يشحن yash-Han
recommend ينصح yanSaH
recycling إعادة التصنيع i'aadat at-taSnee'
red أحمر aHmar
refrigerator ثلاجة thallaaja
refund n استرداد النقود istirdaad an-nuqood
region منطقة manTaqa
regular عادي 'aadee
relationship (personal) علاقة 'ilaaqa
rent v يستأجر yasta'jir
rental car سيارة مستأجرة sayaara musta'jara
repair v يصلح yuSalliH

report v يبلغ عن yuballigh 'an
reservation حجز Hajz
reserve v يحجز yaHjuz
restaurant مطعم maT'am
restroom تواليت toowaaleet
retired متقاعد mutaqaa'id
return v يعود ya'ood; n [BE] ذهاب وعودة dhihaab wa-'awda
rib ضلع Dala'
right (correct) صحيح SaHeeH; (direction) يمين yameen
right of way أحقية الطريق aHqeeyat aT-Tareeq
ring n خاتم khaatim
river نهر nahr
road طريق Tareeq
road map خريطة طرق khareeTa Turuq
romantic رومانسي roomaansee
room غرفة ghurfa
room key مفتاح الغرفة miftaaH al-ghurfa
room service خدمة غرف khidma ghuruf
rotary دوار dawaar
round (in game) جولة jawla
roundabout [BE] دوار dawaar
round-trip ذهاب وعودة dhihaab wa-'awda
round-trip ticket تذكرة ذهاب و عودة tadhkara dhihaab wa-'awda
route طريق Tareeq
rubbish [BE] قمامة qamaama

rubbish bag [BE] أكياس قمامة akyaas qamaama
ruins آثار aathaar

S

sad حزين Hazeen
safe n خزينة khazeena; (not dangerous) آمن aamin; (not in danger) بأمان bi-amaan
sales tax ضريبة Dareeba
salty مالح maaliH
same نفس nafs
sandals صندل Sandal
sanitary napkin فوط نسائية fuwaT nisaa'eeya
sanitary pad [BE] فوط نسائية fuwaT nisaa'eeya
Saudi سعودي sa'oodee
Saudi Arabia السعودية as-sa'oodeeya
sauna ساونا saawnaa
save حفظ HafZ
savings account حساب المدخرات Hisaab al-mudakharaat
scanner ماسحة maasiHa
scarf لفاح lifaaH
schedule n جدول مواعيد jadwal mawaa'eed
school مدرسة madrassa
scissors مقص miqaSS
sea بحر baHr
seat مقعد maq'ad
security أمن aman
see يشوف yashoof

sell يبيع *yabee'*
self-service خدمة ذاتية *khidma dhaateeya*
seminar ندوة *nadwa*
send يرسل *yursil*
senior citizen مسنين *musneen*
separate منفصل *munfaSil*
serious خطير *khaTeer*
service خدمة *khidma*; (in church) صلاة *Salaat*
shampoo شامبو *shaamboo*
shaving cream كريم للحلاقة *kreem lil-Hilaaqa*
sheet شراشف *sharaashif*
shirt قميص *qameeS*
shoe store محل الأحذية *maHal al-aHdheeya*
shoes أحذية *aHdheeya*
shopping تسوق *tasawooq*
shopping area منطقة التسوق *manTaqat at-tasawooq*
shopping centre [BE] سوق تجاري *markaz at-tijaaree*
shopping mall سوق تجاري *markaz at-tijaaree*
short قصير *qaSeer*
shorts شورت *shoort*
short-sighted [BE] مصاب بقصر النظر *muSaab bi-qaSr an-naZar*
shoulder كتف *katif*
show v يري *yuree*
shower دُش *doosh*
shrine مزار *mazaar*

sick مريض *mareeD*
sightseeing tour جولة لزيارة المعالم *jawla li-ziyaarat al-ma'aalim*
sign v يوقع *yuwaqi'a*
silk حرير *Hareer*
silver فضة *fiDDa*
single عازب *'aazib*
single bed سرير مفرد *sareer mufrad*
single room غرفة مفردة *ghurfa mufrada*
single ticket [BE] تذكرة ذهاب *tadhkara dhihaab*
sister أخت *ukht*
sit يجلس *yajlis*
size قياس *qeeyaas*
skin جلد *jild*
skirt تنورة *tanoora*
sleeping bag حقيبة للنوم *Haqeeba lin-nawm*
slice شريحة *shareeHa*
slippers شبشب *shibshib*
slow بطيء *baTee'*
slowly ببطء *bi-buT'*
small صغير *Sagheer*
smoking للمدخنين *lil-mudakhineen*
snack bar مطعم للوجبات الخفيفة *maT'am lil-wajabaat al-khafeefa*
sneakers أحذية رياضية *aHdheeya reeyaaDeeya*
snorkeling equipment شنركل *snorkel*

snowy يتساقط الثلج yatasaaqaT ath-thalj
soap صابون Saaboon
soccer كرة القدم kurrat al-qadam
socks جرابات juraabaat
sold out خلصت التذاكر khalaSat at-tadhaakir
sore throat ألم الحلق alam al-Halq
sorry (apology) آسف aasif
south جنوب janoob
souvenir هدايا تذكارية hadaayaa tidhkaareeya
souvenir store محل الهدايا التذكارية maHal al-hadaayaa at-tidhkaareeya
spa سبا spa
sparkling water مياه غازية miyaah ghaazeeya
spatula ملعقة مسطحة mil'aqa musaTaHa
speak يتكلم yatakallam
special خاص khaaS
specialist n أخصائي akhSaa'ee
spicy حار Haar
spine عمود فقري 'amood faqree
spoon ملعقة mil'aqa
sporting goods store محل الأدوات الرياضية maHal al-adawaat ar-reeyaaDeeya
sprain n التواء في المفصل iltiwaa' fee il-mifSal
sprained ملتوي multawee
stadium ملعب mal'ab

stairs دَرَج daraj
stamp n طابع Taabi'
start v يبدأ yabda
station محطة maHaTat
station wagon سيارة بوكس sayaara books
stay v ينزل yanzil
steal يسرق yasriq
steep شديد الانحدار shadeed al-inHidaar
sterling silver فضة fiDDa
stolen مسروق masrooq
stomach معدة mi'da
stomachache ألم في المعدة alam fee il-mi'da
stool (bowel movement) براز biraaz
stop v يقف yaqif; n (on bus route) موقف mawqif
store directory دليل المحلات التجارية daleel al-maHalaat at-tijaareeya
stove فرن furn
straight مستقيم mustaqeem
straight ahead على طول 'ala Tool
strange غريب ghareeb
stream جدول jadwal
street شارع shaari'
stroller عربة أطفال 'arabat aTfaal
student طالب Taalib
study v يدرس yadrus
stunning مذهل mudh-hil
subway مترو الأنفاق metro al-anfaaq

DICTIONARY • 247

subway station محطة مترو الأنفاق maHaTat metro al-anfaaq
Sudan السودان as-soodaan
Sudanese سوداني soodaanee
suit (clothing) طقم Taqm
suitable مناسب munaasib
suitcase حقيبة Haqeeba
sun شمس shams
sunblock واقي شمسي waaqee shamsee
sunburn حروق شمسية Hurooq shamseeya
sunglasses نظارات شمسية naZaaraat shamseeya
sunny مشمس mushmis
sunscreen واقي شمسي waaqee shamsee
sunstroke ضربة شمس Darba shams
super (fuel) ممتاز mumtaaz
supermarket سوبر ماركت soobir maarkit
surcharge أجرة إضافية ujrat iDaafeeya
surfboard لوح لركوب الأمواج looH li-rukoob al-amwaaj
surgical spirit [BE] كحول طبي kuHool Tibbee
swallow v يبتلع yabtala'
sweater كنزة صوف kanza Soof
sweatshirt كنزة رياضة kanza reeyaaDa
sweet حلو Hiloo
sweets [BE] سكاكر sakaakir
swim v يسبح yasbaH

swimsuit مايوه maayooh
Syria سوريا sooriyaa
Syrian سوري sooree

T

table طاولة Taawila
tablet حبة Habba
take v يأخذ ya'khudh
take off (shoes) يخلع yikhla'
tampon سدادات قطنية للسيدات sadadaat quTneeya lis-sayyidaat
taste v يتذوق yatadhawwaq
taxi تاكسي taaksee
tea شاي shaay
team فريق fareeq
teaspoon ملعقة صغيرة mil'aqa Sagheera
telephone تلفون tilifoon
temple (religious) معبد ma'bad
temporary مؤقت mu'aqat
tennis التنس at-tinnis
tennis court ملاعب تنس malaa'ib tinnis
tent خيمة khayma
tent peg أوتاد الخيمة awtaad al-khayma
tent pole عمود الخيمة 'amood al-khayma
terminal (airport) تيرمنال teerminaal
terrible فظيع faZee'
text v يبعث اس ام اس yab'ath SMS; n اس ام اس SMS

thank you شكراً shukran
that ذلك dhaalik
theater مسرح masraH
theft سرقة sirqa
there هناك hunaak
thief لص liSS
thigh فخذ fakhdh
thirsty عطشان 'aTshaan
this هذا haadha
throat حلق Halq
thunderstorm عاصفة رعدية 'aaSifa ra'deeya
ticket تذكرة tadhkara
ticket office مكتب التذاكر maktab at-tadhaakir
tie n كرافيت kraafeet
tight (fit) ضيق Dayyiq
tights [BE] كولون kooloon
time وقت waqt
timetable [BE] جدول مواعيد jadwal mawaa'eed
tire دولاب doolaab
tired تعبان ta'baan
tissue مناديل ورقية manaadeel warqeeya
to إلى ila
today اليوم al-yawm
toe إصبع القدم iSba' al-qadam
toenail ظفر إصبع القدم Zifr iSba' al-qadam
toilet [BE] تواليت toowaaleet
toilet paper ورق تواليت waraq toowaaleet

toll road طريق برسم مرور Tareeq bi-rasm muroor
tomorrow غداً ghadan
tonight الليلة al-layla
too (also) أيضاً ayDaan; **(excessively)** أكثر من اللازم akthar min al-laazim
tooth سن sinn
toothache ألم في الأسنان alam fee il-asnaan
toothbrush فرشاة أسنان furshaat asnaan
toothpaste معجون أسنان ma'joon asnaan
torch [BE] بيل beel
total (amount) مُجمل mujmal
tour جولة jawla
tourist سائح saa'iH
tourist information office مكتب الاستعلامات السياحية maktab al-isti'laamaat as-seeyaaHeeya
tow truck شاحنة قاطرة shaaHina qaaTira
towel منشفة minshafa
tower برج burj
town مدينة madeena
town hall البلدية al-baladeeya
town map خريطة المدينة khareeTat al-madeena
town square ساحة المدينة saaHat al-madeena
toy لعبة أطفال lu'bat aTfaal

toy store محل ألعاب الأطفال maHal al'aab al-aTfaal
track (for trains) خط khaT
traditional تقليدي taqleedee
traffic circle دوار dawaar
traffic light إشارات مرور ishaarat muroor
trail ممر mamar
trailer عربة مقطورة 'araba maqToora
train n قطار qiTaar
train station محطة قطار maHaTat qiTaar
transfer v (traveling) يبدل yubaddil
translate يترجم yutarjim
trash قمامة qamaama
travel agency مكتب سياحة و سفر maktab seeyaaHa wa safar
travelers check شيك سياحي sheek seeyaaHee
traveller's cheque [BE] شيك سياحي sheek seeyaaHee
travel sickness [BE] دوار السفر dawaar as-safar
tree شجرة shajara
trim (haircut) تطريف شعر taTreef sha'r
trip رحلة riHla
trolley [BE] عربة 'araba
trousers [BE] بنطلون banTaloon
T-shirt تي شيرت tee sheert

tumble dry في الغسالة يعصر yu'aSar fee il-ghasaala
Tunisia تونس toonis
Tunisian تونسي toonisee
turn off (light) يطفئ yaTfa'
turn on (light) يشعل yash'al
TV تلفزيون tilifizyoon
tyre [BE] دولاب doolaab

U

ugly بشع bashi'
umbrella مظلة maZalla
underground [BE] مترو الأنفاق metro al-anfaaq
underground station [BE] محطة مترو الأنفاق maHaTat metro al-anfaaq
underpants [BE] سروال داخلي sirwaal daakhilee
understand يفهم yafham
underwear ملابس داخلية malaabis dakhileeya
United Kingdom بريطانيا breeTaaneeyaa
United States أمريكا amreekaa
unleaded بدون رصاص bi-dooni raSaaS
unlimited mileage بأميال غير محدودة bi-amyaal ghayr maHdooda
urgent مستعجل musta'jil
urine بول bool

use v يستخدم yastakhdim
username اسم المستخدم ism al-mustakhdim
utensil أدوات الطبخ adawaat aT-Tabkh

V

vacation إجازة ijaaza
vacuum cleaner مكنسة كهربائية miknasa kahrabaa'eeya
vagina مهبل mahbil
vaginal infection التهاب مهبلي iltihaab mahbalee
valley وادي waadee
value n قيمة qeema
van فان van
VAT [BE] ضريبة Dareeba
vegan لا يأكل المنتجات الحيوانية la ya'kul al-muntajaat al-Haywaaneeya
vegetarian نباتي nabaatee
vehicle registration تسجيل سيارة tasjeel sayaara
vending machine ماكينة بيع maakeena bay'
very جداً jiddan
viewpoint [BE] إطلالة iTlaala
visit v يزور yazoor
visiting hours مواعيد الزيارة mawaa'eed az-ziyaara
visually impaired نظره ضعيف naZruhu Da'eef
volleyball كرة الطائرة kurrat aT-Taa'ira

vomiting يتقيأ yataqayaa'

W

wait v ينتظر yantaZar
waiter غرسون gharsoon
waiting room غرفة انتظار ghurfat intiZaar
waitress آنسة aanisa
wake (person) يوقظ yawqiZ
wake-up call مكالمة إيقاظ mukaalamat eeqaaZ
walk n نزهة nuz-ha
walking route طرق السير Turuq as-sayr
wallet محفظة miHfaZa
warm دافئ daafi'; v يسخن yusakhin
wash v يغسل yughassal
washing machine غسالة الملابس ghasaalat al-malaabis
washing-up liquid [BE] سائل للجلي saa'il lil-jallee
watch n ساعة يد saa'a yad
water ماء maa'
waterfall شلال shalaal
water skis ألواح للتزحلق على الماء al-waaH lit-tazaHluq 'ala al-maa'
weather طقس Taqs
week أسبوع usboo'
weekend عطلة نهاية الأسبوع 'uTla nihaayat al-usboo'
weekly أسبوعي usboo'ee
well-rested مرتاح murtaaH

west غرب *gharb*
what ماذا *maadha*
wheelchair كرسي المقعدين *kursee al-muq'adeen*
wheelchair ramp منحدر خاص لكرسي المقعدين *munHadir khaaS li-kursee al-muq'adeen*
when متى *mata*
where أين *ayn*
where to إلى أين *ila ayn*
which أي *ay*
white أبيض *abyaD*
white gold ذهب أبيض *dhahab abyaD*
who مَن *man*
widowed أرمل *armal*
wife زوجة *zawja*
window نافذة *naafidha*
window seat مقعد على النافذة *maq'ad 'ala an-naafidha*
windsurfer لوح شراعي *looH shiraa'ee*
wine list قائمة النبيذ *qaa'imat an-nabeedh*
wireless internet إنترنت لاسلكي *internet lasilkee*
wireless internet service خدمة إنترنت لاسلكي *khidmat internet lasilkee*
with مع *ma'*
withdraw يسحب *yas-Hab*
without بدون *bi-doon*
woman امرأة *imraa'a*
wool صوف *Soof*
work v يعمل *ya'mal*
wrist معصم *mi'Sam*
write (down) يكتب *yuktub*

Y

year سنة *sana*
yellow أصفر *aSfar*
yellow gold ذهب أصفر *dhahab aSfar*
Yemen اليمن *al-yaman*
Yemeni يمني *yamanee*
yes نعم *na'am*
yesterday البارحة *al-baariHa*
yield (in traffic) أعط أحقية الطريق *a'aT aHaqeeyat aT-Tareeq*
yogurt لبن *laban*
young شاب *shaab*
you're welcome عفواً *'afwaan*
youth hostel بيت شباب *bayt shabaab*

Z

zoo حديقة الحيوانات *Hadeeqat al-Hayawaanaat*

ARABIC–ENGLISH

A

a'aT aHaqeeyat aT-Tareeq أعط أحقية الطريق yield [give way BE]
a'maal أعمال business
'aada shahreeya عادة شهرية period (menstruation)
'aadee عادي regular
'aa'ila عائلة family
aakhar آخر another
aakhir آخر last
'aalee عالي high
aamin آمن safe (not dangerous)
aanisa آنسة waitress
aasif آسف sorry
'aaSifa ra'deeya عاصفة رعدية thunderstorm
aathaar آثار ruin
aathaar jaanibeeya آثار جانبية side effect
'aazib عازب single
ab أب father
abyaD أبيض white
'adaad al-mawqif عداد الموقف parking meter
'adasa عدسة lens
'adasa laaSiqa عدسة لاصقة contact lens
adawaat aT-Tabkh أدوات الطبخ utensil

'adeem an-nuk-ha عديم النكهة bland (food)
adna 'umr أدنى عمر minimum age
'aDla عضلة muscle
'aDu dhikree عضو ذكري penis
afDal أفضل better
'afwaan عفواً that's ok
aHaqeeyat aT-Tareeq أحقية الطريق right of way
aHdheeya أحذية shoes
aHdheeya reeyaaDeeya أحذية رياضية sneakers
ahlaan wa sahlaan أهلاً و سهلاً you're welcome
aHmar أحمر red
aHsan أحسن best
AIDS أيدز aydz
akh أخ brother
akhDar أخضر green
akhSaa'ee أخصائي specialist n
akthar أكثر more
akthar min al-laazim أكثر من اللازم excessively, too
akyaas qamaama أكياس قمامة garbage bag [bin bag BE]
'ala Tool على طول straight ahead
al-aan الآن now

alam ألم *pain*
alam al-Halq ألم الحلق *sore throat*
alam fee il-asnaan ألم في الأسنان *toothache*
alam fee il-mi'da ألم في المعدة *stomach ache*
alam fee iS-Sadr ألم في الصدر *chest pain*
alam fee il-udhn ألم في الأذن *earache*
alam fee iZ-Zuhr ألم في الظهر *backache*
al-amti'a al-mafqooda الأمتعة المفقودة *lost and found [lost property BE]*
'alaykum عليكم *hello*
al-baariHa البارحة *yesterday*
alghee الغي *cancel*
al-khaleej al-'arabee الخليج العربي *Gulf (Persian)*
al-layla الليلة *tonight*
al-maas ألماس *diamond*
al-waaH lit-tazaHluq 'ala al-maa' ألواح للتزحلق على الماء *water ski*
al-wuSool الوصول *arrivals (airport)*
al-yawm اليوم *today*
aman أمن *security*
'amood faqree عمود فقري *spine*
'amood lil-khayma عمود الخيمة *tent pole*

amreekaa أمريكا *United States*
amreekaanee أمريكي *American*
amti'a أمتعة *luggage*
anf أنف *nose*
aqal أقل *less*
'araba عربة *cart [trolley BE]*
'araba maqToora عربة مقطورة *trailer*
'arabat al-amti'a عربات الأمتعة *luggage cart [trolley BE]*
'arabat aTfaal عربة أطفال *stroller [pushchair BE]*
'arabee عربي *Arab, Arabic;*
al-'arabeeya العربية *Arabic (language)*
araq أرق *insomnia*
'arboon عربون *deposit*
arD أرض *floor*
arD al-golf أرض الغولف *golf course*
'arD baalayh عرض باليه *ballet*
'arD oobiraa عرض أوبرا *opera*
armal أرمل *widowed*
aSam أصم *deaf*
asbireen أسبرين *aspirin*
'aSeer عصير *juice*
aSfar أصفر *yellow*
'ashaa عشاء *dinner*
aSlee أصلي *real*
aswad أسود *black*
'aTshaan عطشان *thirsty*
awal أول *first*
awqaat al-'amal أوقات العمل *office hours*

awqaat al-'amal أوقات العمل *business hours*
awtaad al-khayma أوتاد الخيمة *tent peg*
awtoomaateekee أوتوماتيكي *automatic*
ay أي *which*
ay shay أي شيء *anything*
ayDaan أيضاً *too (also)*
ayn أين *where*
'ayn عين *eye*
'aZm عظم *bone*
azraq أزرق *blue*

B

baab باب *door*
ba'ad بعد *after*
ba'ad aZ-Zuhr بعد الظهر *afternoon, p.m.*
baar بار *bar*
baarid بارد *cold adj*
baarid qaleelan بارد قليلاً *cool (temperature)*
baaS باص *bus*
baaS saree' باص سريع *express bus*
ba'eed بعيد *far*
baHr بحر *sea*
baHraynee بحريني *Bahraini*; **al-baHrayn** البحرين *Bahrain*
baladeeya البلدية *town hall*
balsam بلسم *conditioner*
banafsajee بنفسجي *purple*
bank بنك *bank*
banTaloon بنطلون *pants [trousers BE]*
banTaloon jeenz بنطلون جينز *jeans*
baraka بركة *pond*
bareed بريد *mail n [post BE], post office*
bareed iliktroonee بريد إلكتروني *e-mail*
baysbool بيسبول *baseball*
bashi' بشع *ugly*
baTaareeya بطارية *battery*
baTaneeya بطانية *blanket*
baTee' بطيء *slow*
bawaaba بوابة *gate (at airport)*
bawaabaat as-safar بوابات السفر *departure gate*
bayj بيج *beige*
bayt بيت *house*
bayt mutanaqal بيت متنقل *mobile home*
bayt shabaab بيت شباب *youth hostel*
bideekoor بديكور *pedicure*
beejaama بيجامة *pajamas [pyjamas BE]*
beel بيل *flashlight [torch BE]*
binzeen بنزين *gas [petrol BE]*
bi-amaan بأمان *safe, not in danger*
bi-buT' ببطء *slowly*

biDaa'i' lil-i'laan 'anhaa بضائع للإعلان عنها *goods to declare*
biDaa'i' mu'afeeya min aD-Daraa'ib بضائع معفية من الضرائب *duty-free goods*
bi-doon بدون *without*
bi-dooni raSaaS بدون رصاص *unleaded*
bi-ittijah markaz al-madeen باتجاه مركز المدينة *downtown*
bi-ghiyar 'aadee بغيار عادي *manual (car)*
bi-munfaridih بمفرده *alone*
penicillin (binisileen) بنسلين *penicillin*
bint بنت *girl*
biraaz براز *stool (bowel movement)*
biTaaqa بطاقة *card*
biTaaqa tilifooneeya بطاقة تلفونية *phone card*
biTaaqa 'uDweeya بطاقة عضوية *membership card*
biTaaqat i'timaan بطاقة ائتمان *credit card*
biTaaqat Su'ood بطاقة صعود *boarding pass*
biTaaqa Taalib doowaleeya بطاقة طالب دولية *International Student Card*
biTaaqa ta'meen بطاقة تأمين *insurance card*

blaateen بلاتين *platinum*
blooza بلوزة *blouse*
bool بول *urine*
breeTaanee بريطاني *British adj*
breeTaaneeyaa بريطانيا *United Kingdom*
broosh بروش *brooch*
buHayra بحيرة *lake*
bunnee بني *brown*
bunshur بنشر *flat (on vehicle)*
burj برج *tower*
burtuqaal برتقال *orange (fruit)*
burtuqaalee برتقالي *orange (color)*

D

daafi' دافئ *warm*
daakhil داخل *inside*
Dala' ضلع *rib*
daleel دليل *guide*
daleel al-maHalaat at-tijaareeya دليل المحلات التجارية *store directory*
Damaadaat ضمادات *bandage*
damm دم *blood*
daqeeqa دقيقة *minute*
daraaja دراجة *bicycle*
daraaja bi-muHarik دراجة بمحرك *moped*
daraaja jabaleeya دراجة جبلية *mountain bike*
daraaja naareeya دراجة نارية *motorcycle*

daraj درَج *stair*
darajat oola درجة أولى *first class*
daraja seeyaaHeeya درجة سياحية *economy class*
darajaat درجات *degrees (temperature)*
darajat al-a'maal درجة الأعمال *business class*
Darbat shams ضربة شمس *sunstroke*
Dareeba ضريبة *sales tax [VAT BE]*
dars درس *lesson*
dawaa' دواء *medication, medicine*
dawaa' bidooni 'alaama tijaareeya دواء بدون علامة تجارية *generic drug*
dawaam juz'ee دوام جزئي *part-time*
dawaar دوار *traffic circle [roundabout BE]*
dawaar as-safar دوار السفر *motion [travel BE] sickness*
daw' ضوء *light n*
Dayyiq ضيق *tight (fit)*
dee fee dee دي في دي *DVD*
deezil ديزل *diesel*
dhaalik ذلك *that*
dhahab ذهب *gold*
dhahab abyaD ذهب أبيض *white gold*
dhahab aSfar ذهب أصفر *yellow gold*

dhihaab ذهاب *one-way [single BE] (ticket)*
dhihaab wa-'awda ذهاب وعودة *round-trip [return n BE] (ticket)*
dhiraa' ذراع *arm*
dijeetaal دجيتال *digital*
doolaab دولاب *tire [tyre BE]*
doolaar دولار *dollar*
doosh دُش *shower*
doowalee دولي *international*
duf'a musabbaqa دفعة مسبقة *cash advance*
DaghuT damm munkhafiD ضغط دم منخفض *low blood pressure*
DaghuT damm murtafi' ضغط دم مرتفع *high blood pressure*
dukhool دخول *login*
dumya دمية *doll*
duzeena دزينة *dozen*

E

'eed meelaad عيد ميلاد *birthday*
eedaa' إيداع *deposit (at bank)*
eeqaaf إيقاف *off*
eeraan إيران *Iran*
eeraanee إيراني *Iranian*
eerlandaa أيرلندا *Ireland*
eerlandee أيرلندي *Irish*
eeSaal إيصال *receipt*

F

faarigh فارغ *empty adj*
faatiH فاتح *light*
faHam فحم *charcoal*
fakhdh فخذ *thigh*
fakk فك *jaw*
famm فم *mouth*
faqaT فقط *only*
faraama فرامة *food processor*
faraamil فرامل *brake*
fareeq فريق *team*
fataaHat an-nabeedh فتاحة النبيذ *corkscrew*
fataaHat zujajaat فتاحة زجاجات *bottle opener*
faaks فاكس *fax*
faZee' فظيع *terrible*
fee في *in*
fee il-khaarij في الخارج *outside*
feelm فيلم *movie, film (camera)*
fee iS-SubH في الصبح *a.m.*
fiDDa فضة *silver*
filisTeen فلسطين *Palestine*
filisTeenee فلسطيني *Palestinian*
finjaan فنجان *cup*
finjaan lil-'ayaar فنجان للعيار *measuring cup*
fireezir فريزر *freezer*
fitreenaa فترينا *display case*
flaash فلاش *flashlight [torch BE]*
funduq فندق *hotel*
furn فرن *stove*
furn mukhayyam فرن مخيم *camping stove*
furshaat ash-sha'r فرشاة الشعر *hairbrush*
furshaat asnaan فرشاة أسنان *toothbrush*
fustaan فستان *dress (woman's)*
fuToor فطور *breakfast*
fuwaT nisaa'eeya فوط نسائية *sanitary napkins [sanitary pads BE]*

G

garaaj جراج *garage*
ghaaba غابة *forest*
ghaalee غالي *expensive*
ghaamik غامق *dark*
ghaaz aT-Tabkh غاز الطبخ *cooking gas*
ghadan غداً *tomorrow*
ghadhaa' غذاء *lunch*
gharb غرب *west*
ghareeb غريب *strange*
gharsoon غرسون *waiter*
ghasaalat al-malaabis غسالة الملابس *washing machine*
ghasaalat aS-SuHoon غسالة الصحون *dishwasher*
ghasool غسول *lotion*
ghayr mashghool غير مشغول *available*
ghayr muklif غير مكلف *inexpensive*

gram (ghraam) غرام gram
ghurfa غرفة room
ghurfa fee iT-Taabiq al-arDee
غرفة في الطابق الأرضي
ground-floor room
ghurfa mufrada
غرفة مفردة single room
ghurfa muzdawwaja
غرفة مزدوجة double room
ghurfat intiZaar غرفة انتظار
waiting room
ghurfa nawm
غرفة نوم dormitory
ghurfa qeeyaas
غرفة قياس fitting room
ghurfa Ta'aam
غرفة طعام dining room
golf الغولف golf
gunay istirleenee
جنيه استرليني
pound (sterling)

H

haadi' هادئ quiet
Haadith حادث accident
Haadith iSTidaam
حادث اصطدام crash n (in car)
Haamil حامل pregnant
Haar حار hot (spicy)
haatif 'aam هاتف عام pay phone
haatif naqaal
هاتف نقال cell [mobile BE]
phone

haay laayt هاي لايت
highlights (in hair)
Habba حبة tablet
hadaayaa tidhkaareeya
هدايا تذكارية souvenir
Hadeeqa 'aama حديقة عامة park n
Hadeeqat al-Hayawanaat
حديقة الحيوانات
zoo
Hadeeqat an-nabaataat
حديقة النباتات
botanical garden
hadeeya هدية gift
Hafeed حفيد grandchild
Hafla mooseeqeeya
حفلة موسيقية concert
HafZ حفظ save
Hajz حجز reservation
Halaal حلال halal
Halaaq rijaalee
حلاق رجالي barber
Halaq حلق earrings
Halq حلق throat
Hamaalat mafaateeH
حمالة مفاتيح key ring
Hamaalat Sadr حمالة صدر bra
Hamaam حمام bathroom
Haqeeba حقيبة suitcase
Haqeeba lin-nawm
حقيبة للنوم sleeping bag
Haqeeba yad حقيبة يد
carry-on [hand luggage BE]
Haqeeba yad حقيبة يد
purse [handbag BE]

Haqeeba Zuhr
حقيبة ظهر *backpack*
Haql حقل *field*
Haraara murtafi'a
حرارة مرتفعة *fever*
Hareeq حريق *fire*
Hareer حرير *silk*
Harq حرق *burn n*
Hasanan حسناً *OK*
haSeera حصيرة *groundcloth [groundsheet BE]*
Hasharaat حشرات *bug*
Hashwa حشوة *filling (in tooth)*
haweeya shakhSeeya
هوية شخصية *ID*
Haywaan حيوان *animal*
haadha هذا *this*
Hazeen حزين *sad*
Hiloo حلو *sweet*
Hizaam حزام *belt*
HifaaDaat حفاضات *diaper [nappy BE]*
Hisaab حساب *account; bill; check (in restaurant)*
Hisaab al-jaaree حساب الجاري *checking account*
Hisaab al-mudakharaat حساب المدخرات *savings account*
HiSn حصن *fort*
Huboob mana' al-Haml
حبوب منع الحمل *Pill (contraceptive)*
Hummi il-qash
حمى القش *hay fever*

huna هنا *here*
hunaak هناك *there*
Hurayraat حريرات *calorie*
Hurooq shamseeya
حروق شمسية *sunburn*
Hurr حر *heat*

I

i'aadat at-taSnee'
إعادة التصنيع *recycling*
i'tidaa' اعتداء *attack*
i'timaan ائتمان *credit*
ibreeq إبريق *carafe*
iDaafee إضافي *extra*
ightiSaab اغتصاب *rape n*
iHtiqaan احتقان *congestion*
ijaaza إجازة *vacation [holiday BE]*
ijra'aat as-safar إجراءات السفر *check-in*
ijra'aat as-safar lit-tadhaakir al-iliktrooneeya إجراءات السفر للتذاكر الالكترونية *e-ticket check-in*
ijtimaa' اجتماع *meeting*
ila إلى *to*
ila ayn إلى أين *where to*
'ilaaj aroomaatee
علاج أروماتي *aromatherapy*
'ilaaj bil-ibar
علاج بالإبر *acupuncture*
'ilaaj bil-awksijeen
علاج بالأوكسجين *oxygen treatment*

'ilaaqa علاقة *relationship (personal)*
'ilka علكة *chewing gum*
iltihaab mafaaSil التهاب مفاصل *arthritis*
iltihaab mahbalee التهاب مهبلي *vaginal infection*
iltiwa' fee il-mifSal التواء في المفصل *sprain n*
im'aa أمعاء *intestine*
imraa'a امرأة *woman*
inaa' fakhaaree إناء فخاري *pottery*
ingleezee إنكليزي *English;*
al-ingleezeeya الانكليزية *English (language)*
insooleen انسولين *insulin*
internet إنترنت *internet*
internet lasilkee إنترنت لاسلكي *wireless internet*
iqtiHaam اقتحام *break-in*
'iraaqee عراقي *Iraqi;*
al-'iraaq العراق *Iraq*
iSba' إصبع *finger*
iSba' al-qadam إصبع القدم *toe*
is-haal إسهال *diarrhea*
ishaarat al-muroor إشارة المرور *traffic light*
ism اسم *name*
ism al-mustakhdim اسم المستخدم *username*
israa'eel إسرائيل *Israel*
isti'laamaat استعلامات *information (telephone) [directory enquiries BE], information desk*
istilaam al-Haqaa'ib استلام الحقائب *baggage claim*
istiqbaal استقبال *reception*
istimaara استمارة *form (to fill in)*
istimaara muTaalaba استمارة مطالبة *claim form*
istirdaad an-nuqood استرداد النقود *refund n*
iTfaa' إطفاء *fire department*
itijaah اتجاه *direction*
iTlaala إطلالة *overlook (scenic place) [viewpoint BE]*
ittiSaal اتصال *connection*
ittiSaal haatifee اتصال هاتفي *phone call*

J

jaa'i' جائع *hungry*
jaahiz جاهز *ready*
jaakeet جاكيت *jacket*
jaami' جامع *mosque*
jabal جبل *mountain*
jadd جد *grandparent*
jadwal جدول *stream*
jadwal mawaa'eed جدول مواعيد *schedule [timetable BE]*
jameel جميل *beautiful, nice, cute*

jameel jiddan جميل جداً
 magnificent
janoob جنوب *south*
jareeda جريدة *newspaper*
jawaaz safar جواز سفر *passport*
jayyid جيد *fine, good*
jadhaab جذاب *attractive (person)*
jazaa'iree جزائري *Algerian;*
al-jazaa'ir الجزائر *Algeria*
jazma جزمة *boot*
jazma mareeHa lil-mashi
 جزمة مريحة للمشي *hiking boot*
jeenz جينز *denim*
jet-ski جت سكي *jet ski*
jiddan جداً *very*
jil جل *gel*
jild جلد *leather, skin*
jeemnaaziyoom جيمنازيوم *gym*
jinseeya جنسية *nationality*
jisr جسر *bridge*
jisr munkhafiD جسر منخفض
 low bridge
jawla جولة *round (in game), tour*
jawla bil-baaS جولة بالباص *bus tour*
jawla li-ziyaarat al-ma'aalim
 جولة لزيارة المعالم *sightseeing tour*
jumruk جمرك *customs*
juraabaat جرابات *sock*
jurH جرح *cut n*
juz' جزء *part (for car)*

K

kaabeena كابينة *cabin*
kaaHil كاحل *ankle*
kaameeraa كاميرا *camera*
kaameeraa dijeetaal
 كاميرا دجيتال
 digital camera
kaash كاش *cash*
kabd كبد *liver (in body)*
kabeer كبير *big*
kabeer jiddan كبير جداً
 extra large
kahf كهف *cave*
kalb irshaad al-'umyaan
 كلب إرشاد العميان *guide dog*
kalimat al-muroor كلمة مرور
 password
kam al-Hisaab
 كم الحساب *how much*
kanadaa كندا *Canada*
kanadee كندي *Canadian*
kaneesa كنيسة *church*
kanza reeyaaDa
 كنزة رياضة *sweatshirt*
kanza Soof كنزة صوف *sweater*
kart al-a'maal
 كرت الأعمال
 business card
kart al-miftaH
 كرت المفتاح *key card*
kart boostaal
 كرت بوستال *postcard*
kart dhaakira كرت ذاكرة
 memory card

kartoona كرتونة *carton*
ka's كأس *glass (for drink)*
kataan كتان *linen*
katif كتف *shoulder*
kayf كيف *how*
kazeenoo كازينو *casino*
kees كيس *bag*
kees qamaama كيس قمامة *garbage bag [bin bag BE]*
khaal min ad-dasm خال من الدسم *fat free*
khaaS خاص *special*
khaaS lil-mu'aaqeen خاص للمعاقين *handicapped-accessible*
khaaTib خاطب *engaged*
khaatim خاتم *ring n*
khalaaT خلاط *blender*
khalaSat at-tadhaakir خلصت التذاكر *sold out*
khalf خلف *behind*
khareeTa خريطة *map*
khareeTat al-madeena خريطة المدينة *town map*
khareeTa Turuq خريطة طرق *road map*
khaT خط *line*
khaTaa' خطأ *mistake*
khaTeer خطير *dangerous, serious*
khaT خط *track (for train) [platform BE]*
khayma خيمة *tent*

khazaana خزانة *locker*
khazaf خزف *enamel*
khazeena خزينة *safe n*
khazaa'in al-amti'a خزائن الأمتعة *luggage locker*
khidma kaamila خدمة كاملة *full-service*
khidma dhateeya خدمة ذاتية *self-service*
khidmaat tanZeef خدمات تنظيف *housekeeping service*
khidma ghaseel malaabis خدمة غسيل ملابس *laundry service*
khidma ghuruf خدمة غرف *room service*
khidmat internet lasilkee خدمة إنترنت لاسلكي *wireless internet service*
khidma خدمة *service*
khilaal خلال *during*
khoodha خوذة *helmet*
khumool خمول *drowsiness*
khurooj خروج *exit*
khuTooT jaweeya خطوط جوية *airline*
khuTTa خطة *plan*
kibreet كبريت *matches*
kilo كيلو *kilo*
kilogram كيلوغرام *kilogram*
kilometer كيلومتر *kilometer*
kitaab كتاب *book*
kitaab 'an al-makaan كتاب عن المكان *guide book*

kooloon كولون *pantyhose [tights BE]*
kooloonyaa كولونيا *cologne*
koorn fliks كورن فلكس *cereal*
koowaafeer كوافير *hairstylist*
kraafeet كرافيت *tie n*
kreem lil-Hilaaqa كريم للحلاقة *shaving cream*
kreem mu'qim كريم معقم *antiseptic cream*
kreestaal كريستال *crystal*
kuHool Tibbee كحول طبي *rubbing alcohol [surgical spirit BE]*
kulfat al-mukaalamat 'ala al-muttaaSil كلفة المكالمة على المتصل *call collect*
kulya كلية *kidney (in body)*
kumbyootir كومبيوتر *computer*
kurrat al-qadam كرة القدم *soccer [football BE]*
kurrat as-silla كرة السلة *basketball*
kurrat aT-Taa'ira كرة الطائرة *volleyball*
kursee كرسي *chair*
kursee 'aalin كرسي عالي *highchair*
kursee al-muq'adeen كرسي المقعدين *wheelchair*
kursee khaaS lil-aTfaal كرسي خاص للأطفال *child's seat*
kursee lish-shaaTee' كرسي للشاطئ *deck chair*

kuwaytee كويتي *Kuwaiti*;
al-kuwayt الكويت *Kuwait*

L

la لا *no*
la shay لا شيء *nothing*
laaHiqan لاحقاً *later*
ladghat al-Hasharaat لدغة الحشرات *insect bite*
ladheedh لذيذ *delicious*
laHaam لحام *butcher*
lahaaya لهاية *pacifier [dummy BE]*
laHZa لحظة *moment*
lamba لمبة *lightbulb*
lawaazim Tabkh لوازم طبخ *cooking facility*
laysa ليس *not*
leebee ليبي *Libyan*
leebeeyaa ليبيا *Libya*
li- لِـ *for*
libaas munaasib لباس مناسب *dress code*
lifaaH لفاح *scarf*
li-ghayr al-mudakhineen لغير المدخنين *non-smoking*
lil-isti'maal marra waaHida مرة واحدة للاستعمال *disposable*
lil-mudakhineen للمدخنين *smoking*
lisaan لسان *tongue*
liSS لص *thief*
liter ليتر *liter*

looH li-rukoob al-amwaaj لوح لركوب الأمواج *surfboard*
looH shiraa'ee لوح شراعي *windsurfer*
loo'loo' لؤلؤ *pearl*
lu'ba لعبة *game*
lu'ba لعبة *match (game)*
lu'bat aTfaal لعبة أطفال *toy*
lubnaan لبنان *Lebanon*
lubnaanee لبناني *Lebanese*

M

ma' مع *with*
ma' as-salaama مع السلامة *goodbye*
maa' ماء *water*
maa' saakhin ماء ساخن *hot water*
maadha ماذا *what*
ma'joon asnaan معجون أسنان *toothpaste*
ma'bad معبد *temple (religious)*
maada Taarida lil-Hasharaat مادة طاردة للحشرات *insect repellent*
maakeena bay' ماكينة بيع *vending machine*
maakeena thalj ماكينة ثلج *ice machine*
ma'akhadh kahrabaa' مأخذ كهرباء *electric outlet*
maal مال *money*
maaliH مالح *salty*
ma'loomaat معلومات *information*
maasiHa ماسحة *scanner*
maayoh مايوه *swimsuit*
mabna مبنى *building*
maDaarib golf مضارب غولف *golf club*
madeena مدينة *town*
madeena qadeema مدينة قديمة *old town*
madeenat al-malaahee مدينة الملاهي *amusement park*
madkhal مدخل *access, entrance*
madrassa مدرسة *school*
mafqood مفقود *missing*
maftooH مفتوح *open adj*
maghribee مغربي *Moroccan;* **al-maghrib** المغرب *Morocco*
maghsala مغسلة *laundry facility*
maHaarim liT-Tifl محارم للطفل *baby wipe*
maHabba محبة *love n*
maHal al'aab al-aTfaal محل ألعاب الأطفال *toy store*
maHal al-adawaat ar-reeyaaDeeya محل الأدوات الرياضية *sporting goods store*
maHal al-aHdheeya محل الأحذية *shoe store*
maHal al-anteekaat محل الأنتيكات *antiques store*

maHal al-aT'imat as-siHHeeya محل الأطعمة الصحية
health food store

maHal al-hadaayaa at-tidhkaareeya محل الهدايا التذكارية
gift shop, souvenir store

maHal al-kaameeraat محل الكاميرات
camera store

maHal al-khuDaar محل الخضار
grocery store

maHal al-malaabis محل الملابس
clothing store

maHal al-mashroobaat al-kuHooleeya محل المشروبات الكحولية
liquor store [off-licence BE]

maHal al-mooseeqa محل سيديات
music store

maHal al-mujawharaat محل المجوهرات
jeweler

maHal az-zuhoor محل الزهور
florist

maHal al-Halaweeyaat محل الحلويات
pastry shop

maHal naZaaraat محل نظارات
optician

maHal tanZeef albisa محل تنظيف ألبسة
dry cleaner

maHal tanZeef albisa bi-khidma dhaateeya محل تنظيف ألبسة بخدمة ذاتية
laundromat [launderette BE]

maHal tijaaree محل تجاري
department store

maHalee محلي *domestic*

maHalee محلي *local*

maHaTat محطة *station (railroad)*

maHaTat al-baaS محطة الباص
bus station

maHaTat al-binzeen محطة البنزين
gas [petrol BE] station

maHaTat al-qiTaar محطة القطار
train station

maHaTat metro al-anfaaq محطة مترو الأنفاق
subway [underground BE] station

mahbil مهبل *vagina*

maHlool lil-'adasaat al-laaSiq محلول للعدسات اللاصقة
contact lens solution

maHmeeya Tabee'eeya محمية طبيعية
nature preserve

majaanee مجاني *free*

majalla مجلة *magazine*

majmoo'a مجموعة *group*

makaan muHaaT bish-shubaak li-la'ab مكان محاط بالشباك للعب
playpen

makaan mujahhaz li-istiqbaal al-mu'aaqeen مكان مجهز لاستقبال المعاقين
handicapped- [disabled- BE] accessible

makhbaz مخبز *bakery*

makhraj مخرج exit
makhraj al-Hareeq مخرج الحريق fire door
makhraj aT-Tawaari' مخرج الطوارئ emergency exit
maksoor مكسور broken
maktab مكتب office
maktab al-isti'laamaat as-seeyaaHeeya مكتب الاستعلامات السياحية tourist information office
maktab at-tadhaakir مكتب التذاكر ticket office
maktab seeyaaHa wa safar مكتب سياحة و سفر travel agency
maktab tabdeel al-'umlaat مكتب تبديل العملات currency exchange office
maktaba مكتبة bookstore, library
malaabis ملابس clothes
malaabis dakhileeya ملابس داخلية underwear
malaabis lil-ghaseel ملابس للغسيل laundry (clothes)
malaa'ib at-tinnis ملاعب تنس tennis court
mal'ab ملعب playground, stadium
mamar ممر path, trail
(bayD) mamzooj بيض ممزوج scrambled
man من who

manaadeel warqeeya مناديل ورقية tissue, paper towel
manadeel siHHeeya مناديل صحية sanitary [pad BE] napkin
mandeel lil-maa'ida منديل للمائدة napkin
maneekoor منيكور manicure
manTaqa منطقة region
manTaqat an-nuz-haat منطقة النزهات picnic area
manTaqat at-tasawooq منطقة التسوق shopping area
maq'ad مقعد seat
maq'ad 'ala al-mamsha مقعد على الممشى aisle seat
maq'ad 'ala an-naafidha مقعد على النافذة window seat
maq'ad sayaara مقعد سيارة car seat
maqha مقهى cafe, coffee shop
maqha internet مقهى إنترنت internet cafe
marra مرة once
mareeD مريض sick [ill BE]
mareeD bir-raboo مريض بالربو asthmatic
mareeD bis-sukaree مريض بالسكري diabetic
marHaban مرحبا hi
marham مرهم cream (ointment)
markaz al-a'maal مركز الأعمال business center

markaz al-madeena مركز المدينة downtown area

markaz ash-shurTa مركز الشرطة police station

markaz at-tijaaree مركز تجاري shopping mall [centre BE]

marTabaan مرطبان jar

marwaHa مروحة fan (appliance)

masaa' مساء evening, night

masaa' al-khayr مساء الخير good afternoon, good evening

masaaj مساج massage

masbaH مسبح pool

masbaH lil-aTfaal مسبح للأطفال kiddie [paddling BE] pool

masbaH masqoof مسبح مسقوف indoor pool

mashghool مشغول busy

mashroob مشروب drink n

(qaa'imat al-) mashroobaat قائمة المشروبات drinks menu

masmooH مسموح allowed

masraH مسرح theater

masraHeeya مسرحية play n (in theater)

masrooq مسروق stolen

mata متى when

maTaar مطار airport

maT'am مطعم restaurant

maTar مطر rain n

maTbakh مطبخ kitchen

mathaana مثانة bladder

mat-Haf متحف museum

mawaad tanZeef مواد تنظيف cleaning supplies

mawaa'eed az-ziyaara مواعيد الزيارة visiting hours

maw'id موعد appointment

mawqif موقف parking, stop (on bus route)

mawqif al-baaS موقف الباص bus stop

mawqif as-sayaaraat موقف السيارات parking lot [car park BE]

mazaar مزار shrine

maZalla مظلة umbrella

mazra'a مزرعة farm

meekaaneekee ميكانيكي mechanic

meekroowayif مايكرويف microwave

metro al-anfaaq مترو الأنفاق subway [underground BE]

mi'da معدة stomach

mi'Sam معصم wrist

mi'Taf معطف coat

mi'Taf lil-maTar معطف للمطر raincoat

mibrad lil-aZaafir مبرد للأظافر nail file

miDmaar as-sibaaq مضمار السباق racetrack

miDrab مضرب racket (sports)

mifSal مفصل *joint (of body)*
miftaaH مفتاح *key*
miftaaH al-ghurfa مفتاح الغرفة *room key*
miHfaZa محفظة *wallet*
mikhadda مخدة *pillow*
miknasa مكنسة *broom*
miknasa kahrabaa'eeya مكنسة كهربائية *vacuum cleaner*
mikwa مكواة *iron (for clothes)*
mil'aqa ملعقة *spoon*
mil'aqa lil-'ayaar ملعقة للعيار *measuring spoon*
mimsaHa ممسحة *mop*
min من *from*
min faDlak من فضلك *please*
minfaakh منفاخ *air pump*
meenee baar ميني بار *mini-bar*
minshafa منشفة *towel*
miqaSS مقص *scissors*
miqlaah مقلاة *frying pan*
mirfaq مرفق *elbow*
miS'ad مصعد *elevator [lift BE]*
miSfaah مصفاة *colander*
mishT مشط *comb*
miTraqa مطرقة *hammer*
miyaah ghaazeeya مياه غازية *sparkling water*
miyaah ma'daneeya مياه معدنية *still water*
mookaasaan موكاسان *loafer*
moos موس *mousse (hair)*
moos al-Hilaaqa موس الحلاقة *razor*
mooseeqa موسيقا *music*
mooseeqa al-jaaz موسيقى الجاز *jazz*
mooseeqa al-pop موسيقى البوب *pop music*
mooseeqa ar-rap موسيقى الراب *rap music*
mooseeqa ash-sha'abeeya موسيقى شعبية *folk music*
mooseeqa Haya موسيقى حية *live music*
mooseeqa klaaseekeeya موسيقى كلاسيكية *classical music*
mu'aaq معاق *handicapped [disabled BE]*
mu'adeeya معدية *ferry*
mu'aqat مؤقت *temporary*
mu'tamar مؤتمر *conference*
mubakkir مبكر *early*
mubtadi' مبتدئ *beginner*
muDaadaat al-Hayawaya مضادات حيوية *antibiotics*
mudakhan مدخن *smoked*
mudda مدة *period (of time)*
mudeer مدير *manager*
mudh-hil مذهل *stunning*
mud-hish مدهش *amazing*
mu'din معدٍ *contagious*
mughaadara مغادرة *departure*

mughaadarat al-funduq مغادرة الفندق *check-out (from hotel)*
mughlaq مغلق *closed*
muHaamee محامي *lawyer*
muHaasaba محاسبة *invoice n*
muHaasib محاسب *cashier*
muHawwil محوّل *adapter*
muhd aTfaal مهد أطفال *crib [cot BE]*
muHlee Sinaa'ee مُحلي صناعي *artificial sweetener*
mu'idaat معدات *equipment*
mu'iddaat lil-ghawS معدات الغوص *diving equipment*
mujaffif sha'r مجفف شعر *hair dryer*
mujmal مُجمل *total*
mujawharaat مجوهرات *jewelry*
mukaalamat eeqaaZ مكالمة إيقاظ *wake-up call*
mukayyif al-hawaa' مكيف الهواء *air conditioner*
mukhaalafa مخالفة *fine (for breaking law)*
mukhayyam مخيم *campsite*
mulaakama ملاكمة *boxing*
multahib ملتهب *infected*
multaqee aT-Turuq ملتقى الطرق *intersection*
multawee ملتوي *sprained*
mumarriD ممرض *nurse*
mumill ممل *boring*

mumtaaz ممتاز *super (fuel)*
mumTir ممطر *rainy*
munaasib مناسب *suitable*
munaasib lil-meekroowayif مناسب للمايكروويف *microwaveable*
munaZZif منظف *detergent*
munfaSil منفصل *separate*
munHadir منحدر *cliff*
munHadir khaaS li-kursee al-muq'adeen منحدر خاص لكرسي المقعدين *wheelchair ramp*
munkhafiD منخفض *low*
munhak منهك *exhausted*
munqidh منقذ *lifeguard*
muntaSif al-layl منتصف الليل *midnight*
muntaSif an-nahaar منتصف النهار *noon*
muqaabil مقابل *opposite*
muraaqaba jawaazaat as-safar مراقبة جوازات السفر *passport control*
murabeeyat aTfaal مربية أطفال *babysitter*
murtaaH مرتاح *well-rested*
musaa'ada مساعدة *help n*
muSaab bidaa' aS-Sura' مصاب بداء الصرع *epileptic*
muSaab bi-imsaak مصاب بإمساك *constipated*

muSaab bi-fuqr ad-damm
مصاب بفقر الدم anemic
muSaab bi-madd an-naZar
مصاب بمد النظر
far- [long- BE] sighted
muSaab bi-qasr an-naZar
مصاب بقصر النظر
near- [short- BE] sighted
musaafir مسافر passenger
musabaq ad-dafa'
مسبق الدفع prepaid
mushkila مشكلة problem
mushmis مشمس sunny
musinn مسن senior citizen
muslim مسلم Muslim
muSr مصر Egypt
muSree مصري Egyptian
musta'jil مستعجل urgent
mustaqeem مستقيم straight
mustashaar مستشار consultant
mustashfa مستشفى hospital
muta'akhir متأخر late (time)
muTallaq مطلق divorced
mutamarras متمرس
  experienced
mutaqaa'id متقاعد retired
mutarjim مترجم interpreter
mutawassiT متوسط
  medium (size)
mutazawwij متزوج married
muthabbit ash-sha'r
مثبت الشعر hairspray

mutheer lil-ihtimaam
مثير للاهتمام interesting
muzeel ar-raa'iHa
مزيل الرائحة deodorant

N

naadee نادي club
naadee laylee نادي ليلي
  nightclub
naadee lir-raqS
نادي للرقص dance club
naadee li-mooseeqa al-jaaz
نادي لموسيقى الجاز jazz club
naafidha نافذة window
naafoora نافورة fountain
na'am نعم yes
nabaatee نباتي vegetarian
nadwa ندوة seminar
nafs نفس same
nahr نهر river
naw'eeya نوعية quality
naZaaraat نظارات (eye)glasses
naZaaraat shamseeya
نظارات شمسية sunglasses
naZarhu Da'eef
نظره ضعيف
  visually impaired
naZeef نظيف clean adj
nuHaas نحاس copper
nuSf نصف half
nuSf-kilo نصف كيلو half-kilo
nuskha نسخة photocopy

nuz-ha نزهة *walk n*
nuzul نزل *hostel*

O

oorkistraa أوركسترا *orchestra*

Q

qaa'at ijtimaa'aat قاعة اجتماعات *meeting room*
qaa'at al-al'aab قاعة الألعاب *arcade*
qaa'at al-Haflaat al-mooseeqeeya قاعة الحفلات الموسيقية *concert hall*
qaa'at al-mu'tamaraat قاعة المؤتمرات *convention hall*
qaa'imat an-nabeedh قائمة النبيذ *wine list*
qaa'imat aT-Ta'aam قائمة الطعام *menu*
qaa'imat Ta'aam lil-aTfaal قائمة طعام للأطفال *children's menu*
qaa'imat Ta'aam ma' al-as'aar قائمة طعام مع الأسعار *fixed-price menu*
qaarib قارب *boat*
qaarib an-najaah قارب النجاة *life boat*
qabl قبل *before*
qadam قدم *foot*

qadeem قديم *old*
qahwa قهوة *coffee*
qal'a قلعة *castle*
qalb قلب *heart*
qamaama قمامة *trash [rubbish BE]*
qameeS قميص *shirt*
qareeb قريب *close, near*
qaSdeer قصدير *pewter*
qaSeer قصير *short*
qaSr قصر *palace*
qaSSa sha'r قصة شعر *haircut*
qaTar قطر *Qatar*
qaTaree قطري *Qatari*
qaTra قطرة *drop (of liquid)*
qeema قيمة *value n*
qeeyaas قياس *size*
qifl قفل *lock n*
qimma قمة *peak n*
qiT'a قطعة *piece*
qiT'a naqdeeya قطعة نقدية *coin*
qiTaar قطار *train n*
qiTaar saree' قطار سريع *express train*
qub'a قبعة *hat*
qudaas قداس *mass (in church)*
qunSuleeya قنصلية *consulate*
quSoor fee il-qalb قصور في القلب *heart condition*
quTn قطن *cotton*

R

radee' رديء *bad*
raDee' رضيع *baby*
rajul رجل *man*
rakheeS رخيص *cheap*
ramaadee رمادي *gray*
ramz al-balad رمز البلد *country code*
ramz al-manTaqa رمز المنطقة *area code*
raqaa'iq aluminyoom رقائق المنيوم *aluminum [kitchen BE] foil*
raqm رقم *number*
raqm al-faaks رقم الفاكس *fax number*
raqm far'ee رقم فرعي *extension*
raqm as-sirree رقم السري *PIN*
raqm tilifoon رقم تلفون *phone number*
raqS رقص *dancing*
ra's رأس *head*
raSeef رصيف *platform*
rashH رشح *cold n (illness)*
rasm رسم *fee*
rasm ad-dukhool رسم الدخول *admission (to museum etc)*
rasm al-khidma رسم الخدمة *cover charge*
rasm aS-Sarf رسم الصرف *exchange fee*
ratl رطل *pound (weight)*
ri'a رئة *lung*
riDaa'a رضاعة *baby bottle*
ridfayn ردفين *buttock*
riHla رحلة *excursion, trip*
riHla bil-qaarib رحلة بالقارب *boat trip*
riHla jaweeya رحلة جوية *flight*
risaala رسالة *letter*
risaala رسالة *message*
rool رول *roll*
roomaansee رومانسي *romantic*
rukba ركبة *knee*
rukhSa qeeyaada رخصة قيادة *driver's license*
rukoob ad-daraaja ركوب الدراجة *cycling*
ruqba رقبة *neck*
rusoom jumrukeeya رسوم جمركية *duty (customs)*

S

saa'a Haa'iTeeya ساعة حائطية *clock*
saa'a ساعة *hour*
saa'a yad ساعة يد *watch n*
Saaboon صابون *soap*
saaHat al-madeena ساحة المدينة *town square*
SaaHib صاحب *boyfriend*
SaaHiba صاحبة *girlfriend*
saa'iH سائح *tourist*

saa'il li-ghaseel aS-SuHoon سائل لغسيل الصحون *dishwashing [washing-up BE] liquid*
saakhin ساخن *hot*
Saala seenimaa صالة سينما *movie theater*
Saaloon koowaafeer صالون كوافير *hair salon*
saawnaa ساونا *sauna*
saaq ساق *leg*
SabaaH صباح *morning*
SabaaH al-khayr صباح الخير *good morning*
Sabee صبي *boy*
Sabgha صبغة *color*
sadaadaat quTneeya lis-sayyidaat سدادات قطنية للسيدات *tampon*
Sadeeq صديق *friend*
Sadr صدر *chest*
sa'eed سعيد *happy*
Saff صف *class (in school)*
Sagheer صغير *little, small*
saHab min al-Hisaab سحب من الحساب *debit*
SaHeeH صحيح *right, correct*
sahil سهل *easy*
SaHn صحن *dish, plate*
SaHraa' صحراء *desert*
sakaakir سكاكر *candy [sweets BE]*
saakhun akthar min al-laazim ساخن أكثر من اللازم *overheated*
salaalim kahrabaa'eeya سلالم كهربائية *escalator*
Salaat صلاة *service (in church)*
salb سلب *mugging*
Saloon tajmeel صالون تجميل *nail salon*
samaa'aat سماعات *headphone*
sami' Da'eef سمع ضعيف *hearing impaired*
sam سم *poison*
sana سنة *year*
Sandal صندل *sandals*
centimeter (santimitir) سنتمتر *centimeter*
sa'oodee سعودي *Saudi;* **as-sa'oodeeya** السعودية *Saudi Arabia*
Sarraaf aalee صراف آلي *ATM*
saree' سريع *fast*
sareer سرير *bed*
sareer aTfaal سرير أطفال *crib [cot BE]*
sareer mufrad سرير مفرد *single bed*
sareer muzdawwaj سرير مزدوج *double bed*
sareer qaabil liT-Tawwi سرير قابل للطوي *cot [campbed BE]*

sawt a'la صوت أعلى *louder*
sayaara سيارة *car*
sayaara fakhma سيارة فخمة *luxury car*
sayaara musta'jara سيارة مستأجرة *rental [hire BE] car*
sayaarat al-is'aaf سيارة الإسعاف *ambulance*
Saydleeya صيدلية *pharmacy [chemist BE]*
see dee سي دي *CD*
seegaar سيجار *cigar*
silseeyoos سلسيوس *Celsius*
shaab شاب *young*
shaaHina qaaTira شاحنة قاطرة *tow truck*
sha'r شعر *hair*
shaari' شارع *street*
shaaTee' شاطىء *beach*
shadeed al-inHidaar شديد الانحدار *steep*
shafaraat al-Hilaaqa شفرات الحلاقة *razor blade*
shahaada شهادة *certificate*
shahr شهر *month*
shajara شجرة *tree*
shakwa شكوى *complaint*
shalaal شلال *waterfall*
shama' khaT al-beekeenee شمع خط البيكيني *bikini wax*
shaamboo شامبو *shampoo*
shams شمس *sun*
sharaashif شراشف *sheet*

shareeHa شريحة *slice*
sharq شرق *east*
shawka شوكة *fork*
sheek شيك *check (payment) [cheque BE]*
sheek seeyaaHee شيك سياحي *travelers check [traveller's cheque BE]*
shibshib شبشب *slipper*
shiffa شفة *lip*
shimaal شمال *north*
shiqqa شقة *apartment*
shirka ta'meen شركة تأمين *insurance company*
shoort شورت *shorts*
shukran شكراً *thank you*
shurTa الشرطة *police*
siHHa صحة *health*
sijaa'ir سجائر *cigarette*
sikeen سكين *knife*
silla سلة *basket*
sinn سن *tooth*
si'r سعر *price, charge (cost)*
si'r aS-Sarf سعر الصرف *exchange rate*
si'r muHaddad سعر محدد *fixed-price*
sirqa سرقة *theft*
sirwaal daakhilee سروال داخلي *briefs [underpants BE]*
sitrat an-najaah سترة النجاة *life jacket*
siwaar سوار *bracelet*

SMS اس ام اس *text message*
snorkel (shnurkil) شنركل *snorkeling equipment*
Sooda صودا *soda*
soodaanee سوداني *Sudanese;* **as-soodaan** السودان *Sudan*
Soof صوف *wool*
soobir maarkit سوبر ماركت *supermarket*
sooq سوق *market*
Soora صورة *photograph*
sooree سوري *Syrian*
sooriyaa سوريا *Syria*
spa (sbaa) سبا *spa*
su'aal سعال *cough n*
su'aal سؤال *question*
Sudaa' صداع *headache*
Sundooq صندوق *package*
Sundooq al-bareed صندوق البريد *mailbox [postbox BE]*
Su'ub صعب *difficult*
Suwwar dijeetaal صور دجيتال *digital photo*

T

Ta'aam طعام *food*
Ta'aam lir-raDa' طعام للرضع *baby food, formula*
Ta'aam mujammad طعام مجمد *frozen food*
ta'Tul تعطل *breakdown*
ta'baan تعبان *tired*
Taabi' طابع *stamp n*
Taabiq al-arDee طابق أرضي *ground floor*
taa'ih تائه *lost*
Taa'ira طائرة *airplane*
ta'jeer as-sayaaraat تأجير السيارات *car rental [hire BE]*
taalee تالي *next*
Taalib طالب *student*
taalif تالف *damaged*
ta'meen تأمين *insurance*
ta'reekh تاريخ *date (on calendar)*
ta'Tal تعطل *broke down*
Taawila طاولة *table*
Tabaq al-yawm طبق اليوم *menu of the day*
aTbaaq iDaafee أطباق إضافية *side dish*
tabdeel al-'umlaat تبديل العملات *currency exchange*
tabdeel Taa'ira تبديل طائرة *connection (in travel)*
Tabeeb طبيب *doctor*
Tabeeb asnaan طبيب أسنان *dentist*
Tabeeb aTfaal طبيب أطفال *pediatrician*
Tabeeb nisaa'ee طبيب نسائي *gynecologist*
tadfi'a تدفئة *heater [heating BE]*
tadhkara تذكرة *ticket*

tadhkarat iliktrooneeya
تذكرة الكترونية e-ticket
tadhkara lil-baaS تذكرة للباص
bus ticket
tadhkara dhihaab wa 'awda
تذكرة ذهاب و عودة
round-trip [return BE] ticket
TafH jildee طفح جلدي rash n
taHmeeD تحميض develop (film)
taHweela تحويلة detour
takhdeer تخدير anesthesia
takhfeeD تخفيض discount
takhreem تخريم lace
taaksee تاكسي taxi
Talb tawSeel طلب توصيل
hitchhike
tanoora تنورة skirt
tanZeef al-wajah
تنظيف الوجه facial n
taqleedee تقليدي traditional
Taqm طقم suit (clothing)
taqreer ash-shurTa
تقرير الشرطة police report
Taqs طقس weather
Tareeq طريق road, route
Tareeq aakhar طريق آخر
alternate route
Tareeq lil-khuyool
طريق للخيول horsetrack
Tareeq bi-rasm muroor
طريق برسم مرور toll road
Tareeq saree' طريق سريع
highway [motorway BE]

tasawooq تسوق shopping
tashanuj تشنج cramp
tashgheel تشغيل on
tasjeel sayaara
تسجيل سيارة
vehicle registration
tasleeya تسلية entertainment
taSreeH jumrukee تصريح جمركي
customs declaration form
taSweer bil-flaash تصوير بالفلاش
flash photography
taTreef sha'r تطريف شعر
trim (haircut)
Tawaal al-layl
طوال الليل overnight
Tawaari' طوارىء emergency
tawqu'aat aT-Taqs
توقعات الطقس forecast
Taweel طويل long
Tayr طير bird
tee sheert تي شيرت T-shirt
tilifizyoon تلفزيون TV
tinnis تنس tennis
teerminaal
تيرمنال terminal (airport)
thaddee ثدي breast
thalj ثلج ice
thallaaja ثلاجة refrigerator
Tifl طفل child
tilifoon تلفون phone n
till تل hill
toonis تونس Tunisia
toonisee تونسي Tunisian

toowaaleet تواليت *restroom [toilet BE]*
toowaaleet khaaS lil-mu'aaqeen تواليت خاص للمعاقين *disabled restroom [toilet BE]*
toowaaleet kimiyaa'ee تواليت كيميائي *chemical toilet*
tughaadir تغادر *leave (airplane)*
turaDDi' ترضّع *breastfeed*
Turuq as-sayr طرق السير *walking route*

U

'uboor mushaa عبور مشاة *pedestrian crosswalk [crossing BE]*
udhn أذن *ear*
ujrat iDaafeeya أجرة إضافية *surcharge*
ukht أخت *sister*
'ulba علبة *box*
'umaan عمان *Oman*
'umaanee عماني *Omani*
'umla عملة *currency*
umm أم *mother*
'umr عمر *age*
'unwaan عنوان *address*
'unwaan iliktroonee عنوان الكتروني *e-mail address*
'uqd عقد *necklace*

urdunee أردني *Jordanian;* **al-urdun** الأردن *Jordan*
usboo' أسبوع *week*
usboo'ee أسبوعي *weekly*
ustraalee أسترالي *Australian*
ustraaleeyaa أستراليا *Australia*
'uTla nihaayat al-usboo' عطلة نهاية الأسبوع *weekend*
'uTr عطر *perfume*
'uTr ba'ad al-Halaaqa عطر بعد الحلاقة *aftershave*

V

van (faan) فان *van*

W

waadee وادي *valley*
waaDiH واضح *clear adj*
waaHid واحد *one*
waaqee dhikree واقي ذكري *condom*
waaqee shamsee واقي شمسي *sunblock*
waasi' واسع *loose (fit)*
waHdee وحدي *on my own*
wajabaat aSghar lil-aTfaal وجبات أصغر للأطفال *children's portion*
wajah وجه *face*
wajba وجبة *meal*
wakaala وكالة *agency*

walaa'a ولاعة *lighter (cigarettes)*
waqt وقت *time*
waraq ورق *paper*
waraq toowaaleet ورق توالیت *toilet paper*
waSfa Tibeeya وصفة طبية *prescription*
wazn amti'a zaa'id وزن أمتعة زائد *excess luggage*
wi'aa' liT-Tabkh وعاء للطبخ *pot*
wisikh وسخ *dirty*

Y

ya'khudh يأخذ *take v*
ya'kul يأكل *eat*
ya'mal يعمل *work v*
ya'nee يعني *mean v*
yaaqa mudawwara ياقة مدورة *crew neck*
ya'tee يأتي *come*
yab'ath SMS يبعث اس ام اس *text v*
yabda' يبدأ *begin, start v*
yabee' يبيع *sell*
yaboos يبوس *kiss v*
yabtala' يبتلع *swallow v*
yad يد *hand*
yadfa' يدفع *pay v*
yadfa' يدفع *push v*
yadh-hab يذهب *go*
yadkhil يدخل *insert v*
yadkhul يدخل *enter*

yadkhul 'ala al-internet يدخل على الإنترنت *log on*
yadkhul fee is-sayr يدخل في السير *merge*
yadrus يدرس *study v*
ya'eesh يعيش *live v*
yafham يفهم *understand*
yafHaS يفحص *check v*
yafqud يفقد *lose (something)*
yaftaH يفتح *open v*
yaghliq يغلق *close v*
yaghTus يغطس *dive v*
yaHjuz يحجز *reserve v*
yaHSal يحصل *happen*
yajid يجد *reach (person)*
yajlib يجلب *bring*
yajlis يجلس *sit*
yakhla' يخلع *extract v (tooth)*
yakhruj يخرج *exit v*
yakhruj min al-internet يخرج من الإنترنت *log off*
yakoon يكون *be*
yal'ab يلعب *play v*
yaltaqee يلتقي *meet v*
yamanee يمني *Yemeni;*
al-yaman اليمن *Yemen*
yameen يمين *right (direction)*
yamHi يمحي *delete v*
yanSaH ينصح *recommend*
yantahee ينتهي *end v*
yantaZar ينتظر *wait v*
yanzif ينزف *bleed*

yanzil ينزل get off (a train/bus/subway)
yanzil ينزل descend, stay v
ya'ood يعود return v
yaqbal يقبل accept
yaqees يقيس fit v (clothing)
yaqful يقفل lock up
yaqif يقف stop
yaqood يقود drive v
yaqTa' al-ittiSaal يقطع الاتصال disconnect
yaquSS يقص cut v (hair)
yarquS يرقص dance v
yasaar يسار left (direction)
yaSaff يصف park v (car)
yasbaH يسبح swim v
yas-Hab يسحب withdraw, pull
yash'al يشعل light v (cigarette)
yash'al يشعل turn on (light)
yash-Han يشحن recharge v
yashmal يشمل include
yashoof يشوف look v
yashoof يشوف see
yashrab يشرب drink v
yashtaree يشتري buy v
yash'ur bi-duwaar يشعر بدوار dizzy
yash'ur bi-ghathayaan يشعر بغثيان nauseous
yaSil يصل arrive
yasriq يسرق steal
yasta'jir يستأجر rent v [hire BE]
yastakhdim يستخدم use v

yastamata' يستمتع enjoy
yastaqbil يستقبل receive v
yata'khar يتأخر delay n
yatadhawwaq يتذوق taste v
yatakallam يتكلم speak
yatanaffas يتنفس breath
yataqaya' يتقيأ vomiting
yatasaaqaT ath-thalj يتساقط الثلج snowy
yaTba' يطبع print v
yaTbukh يطبخ cook v
yaTfa' يطفئ turn off (light)
yaTlub يطلب charge v, order
yatruk يترك leave v (deposit)
yattaSil يتصل call (telephone)
yattaSil يتصل contact v, connect, phone
yattaSil laaHiqan يتصل لاحقاً call back
yazoor يزور visit v
yiDghuT يضغط dial v
yikbis يكبس press v (clothes)
yikhla' يخلع take off (shoes)
yimlaa يملأ fill out (form)
yimlaa يملأ fill up (tank)
yawm يوم day
yawqiZ يوقظ wake (person)
yu'Tee يعطي give
yu'aanee min al-Hasaaseeya يعاني من الحساسية allergic
yu'aaniq يعانق hug v
yu'addil يعدل alter
yu'akid يؤكد confirm

yu'lim يؤلم hurt v

yu'aSar fee il-ghasaala يعصر في الغسالة tumble dry

yubaddil يبدل change (money); exchange v; transfer

yuballigh 'an يبلغ عن report v

yughaadir يغادر leave (go away)

yughassal يغسل wash v

yughayir يغير change v

yuHibb يحب like, love v (someone)

yujad jileed يوجد جليد icy

yukallif يكلف cost v

yukassir يكسر break (tooth, bone)

yukhayyam يخيم camp v

yukhbir يخبر notify

yuktub يكتب write (down)

yunqush ينقش engrave

yuqaddim يقدم introduce

yuraafiq يرافق accompany

yuraqi' يرقع patch

yuree يري show v

yursil يرسل send

yusakhin يسخن warm v

yuSalliH يصلح repair v

yusheer يشير point v

yutarjim يترجم translate

yuT'im يطعم feed v (baby)

yuwaqi' يوقع sign v

Z

zaa'idat ad-doodeeya زائدة دودية appendix

zaaweeya زاوية corner

zahra زهرة flower

zahree زهري pink

zameel زميل colleague

Zarf ظرف envelope

zayt زيت oil

zibda زبدة butter

Zifr ظفر fingernail

Zifr iSba' al-qadam ظفر إصبع القدم toenail

zawj زوج husband

zawja زوجة wife

zawraq زورق motorboat

zubdeeya زبدية bowl

Zuhr ظهر back (of body)

zujaaj زجاج glass (material)

zujaaja زجاجة bottle